AF271826

DEN BIBLISKA LÄRAN

FSC
www.fsc.org

MIX

Papper från
ansvarsfulla källor
Paper from
responsible sources

FSC® C105338

Sten Rydh

Den bibliska läran

En sammanfattning av den evangelisk-lutherska kyrkans tro och bekännelse

Den bibliska läran

© 2021 Rydh, Sten
och Evangelisk-Lutherska Kyrkan i Sverige
www.evluth.se

Omslag och foto: Mikael Rydh

Förlag: BoD – Books on Demand, Stockholm, Sverige
Tryck: BoD – Books on Demand, Norderstedt, Tyskland
ISBN: 978-91-7969-064-9

Innehåll

sid

Inledning	11
Läsa Bibeln?	11
Det bibliska budskapet	12
Lagen	13
Evangeliet	15
Rättfärdiggörelsen genom tron	17
Dopet och tron	19
Guds gåva eller avgörelse	20
Bibelns lära	21
18 viktiga läropunkter	22

1.	Bibeln, Guds ord	22
	Bibelns kanon	23
	Felaktiga uppf.	24
2.	Den treenige Guden	27
	Sonen är Gud	27
	Anden är Gud	28
	Felaktiga uppf.	29
	Bekännelsen	29
3.	Skapelsen	30
	Felaktiga uppf.	33
	Bekännelsen	33
4.	Lagen	35
	Felaktiga uppf.	37
	Bekännelsen	40
5.	Synden	41
	Felaktiga uppf.	44
	Bekännelsen	45
6.	Jesus Kristus	46
	Felaktiga uppf.	50
	Bekännelsen	51
7.	Rättfärdiggörelsen	53
	Felaktiga uppf.	57
	Bekännelsen	63
8.	Helgelsen	64
	Felaktiga uppf.	66
	Bekännelsen	67

8

9.	Bönen	68
	Felaktiga uppf.	71
	Bekännelsen	74
10.	Dopet	75
	Felaktiga uppf.	77
	Bekännelsen	78
11.	Bikten	80
	Felaktiga uppf.	83
	Bekännelsen	84
12.	Nattvarden	86
	Felaktiga uppf.	88
	Bekännelsen	92
13.	Kyrkan	95
	Felaktiga uppf.	99
	Bekännelsen	101
14.	Kyrkogemenskapen	103
	Felaktiga uppf.	107
	Bekännelsen	115
15.	Prästämbetet	117
	Felaktiga uppf.	120
	Bekännelsen	121
16.	Kyrkans organisation	125
	Felaktiga uppf.	129
	Bekännelsen	134
17.	Utkorelsen	135
	Felaktiga uppf.	137
	Bekännelsen	138
18.	De yttersta tingen	140
	Felaktiga uppf.	148
	Bekännelsen	152
Avslutning		153
Litteratur		155
Bibelställen		156
Personregister		159
Ämnesregister		160

Förord

I vår tid finns många andliga sökare. Människor nöjer sig inte med färdiga svar och etablerade religioner. De vill själva pröva sin livsväg och vad de väljer att tro på. Bibeln säger också: *Pröva allt och behåll det goda* (1 Tess. 5:21).

Många tänker då att man själv borde välja ut vissa delar av Bibeln eller kanske något från andra religioner och så komma fram till vad som passar bäst. Andra förkastar alla religioner och anser att ateismen är den bästa uppfattningen idag. Ingen kan ju säkert veta om Gud finns, tänker man. Därför är det säkrast att inte lita på dem som menar att Gud har uppenbarat sig i vissa skrifter. Sådant avvisas som "fundamentalism".

Personligen var jag ganska osäker i tonåren efter min konfirmation. Men så blev jag inbjuden till andaktsstunder i en kristen skolförening. Jag greps av stillheten och allvaret. Det ledde till att jag började läsa Bibeln varje dag. Jag lydde rådet att stryka under sådant som grep mig, och sätta frågetecken för sådant jag inte förstod. Detta var en bra metod och min tro styrktes. Genom att också läsa goda kristna böcker och lyssna på förkunnare med ett klart kristet budskap blev jag övertygad om att Bibeln är Guds ord till alla människor.

Jag funderade mycket på varför många s.k. liberala teologer menade att det finns fel i Bibeln och att man inte kan lita på att det som står verkligen är sant. Kanske det bara är profeternas och apostlarnas egna idéer som står där? Kanske Jesus bara var en vanlig människa med fel och brister och inte Gud, som kristendomen lär. Är det verkligen möjligt att den helige Ande talar i hela Skriften?

Det som övertygade mig om Bibelns sanning var Jesu egna ord och de bibliska skrifternas vittnesbörd. Hela den underbara skapelsen och våra samveten är tecken på att Gud finns. Men den kunskapen räcker inte. Bibeln säger också att Jesus har försonat hela världen synd genom att offra sig själv på korset för vår skull. Så framstår Kristi uppståndelse som det avgörande beviset för kristendomens och Bibelns sanning.

Många, många gånger har jag fått uppleva Guds hjälp och beskydd, varning och förmaning, tröst och upprättelse genom Guds ord och bönen. Detta är ett inre vittnesbörd om Bibelns och kristendomens sanning.

Så småningom blev jag övertygad om att Gud kallade mig att bli präst. Teologistudierna blev ofta en mycket hård kamp då nästan alla böcker som ingick i kurserna angrep tron på Bibelns sanning och ofelbarhet. Men jag styrktes hela tiden av fortsatt bibelläsning och studier av Martin Luthers skrifter och andra goda böcker.

Som präst har jag nu verkat i snart femtio år i små, bibeltroende församlingar vid sidan av annat heltidsarbete inom områden som musik och matematik. Min önskan är att med denna bok ge en klar och kortfattad presentation av några viktiga, bibliska läropunkter. Jag har så noga som möjligt försökt att återge vad de bibliska skrifterna själva säger i grundläggande ämnen utan att anpassa detta till vad olika människor tänker och tycker eller vad dagens *modefilosofer* säger.

Jag har också funnit att den evangelisk-lutherska kyrkan är den kyrka som ger de rätta bibliska svaren också för vår tid. Jag menar då inte vad alla möjliga lutherska kyrkor anser, då många av dem har lämnat sin tidigare bibeltro och nu håller sig till den moderna, skeptiska synen på Bibeln. Jag utgår istället från reformationens bekännelseskrifter så som Luther och den äldre lutherska kyrkan klart och tydligt trodde och bekände.

Vissa lärofrågor har jag behandlat något utförligare. Det är frågor där det även bland bibeltroende lutheraner råder vissa skillnader. Det gäller särskilt kapitlen om rättfärdiggörelsen, nattvarden, kyrkogemenskapen, prästämbetet och kyrkans organisation. Det vore väl om alla bibel- och bekännelsetrogna lutheraner kunde besinna sig och enas i dessa frågor.

Jesus säger: Tro inte att jag har kommit för att upphäva lagen eller profeterna. Jag har inte kommit för att upphäva utan för att uppfylla. Jag säger er sanningen: Innan himmel och jord förgår ska inte en bokstav, inte en prick i lagen förgå, inte förrän allt har skett (Matt. 5:17f).

Den bibliska läran

Inledning

I forna tider talade Gud många gånger och på många sätt till fäderna genom profeterna, men nu i den sista tiden har han talat till oss genom sin Son (Hebr. 1:1-2).

Många människor, ja de allra flesta tror att det finns en högre makt, en Gud som på något sätt ligger bakom det som händer i världen. Men man har ännu inte lärt känna honom. Varför? Helt enkelt därför att man inte känner till eller tror att Gud verkligen har talat till världen. Man famlar i blindo därför att man inte söker Gud där han låter sig finnas – i Bibeln.

Gud har talat! Till profeterna och apostlarna och genom Jesus Kristus själv har Gud talat. Detta vittnesbörd har vi troget återgivet i Bibeln. Därför behöver ingen människa sväva i okunnighet om vem Gud är och vad han vill med oss. Den kristna kyrkan förkunnar med glad förvissning det underbara budskapet om Jesus Kristus och frälsningen genom honom.

Läsa Bibeln?

Ja, läsa Bibeln! Genom att regelbundet läsa Bibeln förstår man vem Gud är och vilket budskap han har till oss människor. Ett bra sätt är att man börjar med *Markus evangelium*, som är det kortaste av evangelierna. Sedan kan man lämpligen läsa *Apostlagärningarna* som handlar om vad som skedde efter Jesu död och uppståndelse. Detta är urkyrkans historia som bl.a. handlar om den första pingstdagen och hur Jesu apostlar sedan förde ut det kristna budskapet i världen. Därefter kan man läsa något av Paulus brev, t.ex. *Filipperbrevet*. Så är det dags att också lära känna gamla testamentet. Man börjar då med den *första Moseboken* som handlar om skapelsen och människosläktets urhistoria. Där får man läsa om Adam och Eva och deras söner, Babels torn, Noa och den stora floden. Sedan handlar det om patriarkerna Abraham, Isak och Jakob och om hur Israels folk kommer till Egypten under Josef. Tillsammans med dessa fascinerande berättelser kan man varje dag läsa en psalm ur *Psaltaren*. Detta är en bönbok som till stora delar skrevs av kung David. Där finns psalmer, böner, lovsånger och tacksägelser för alla livets förhållanden. Särskilt när man har stora problem och bekymmer är Psaltaren en bok som ger riklig tröst i nöden.

När man har blivit en van bibelläsare kan man fortsätta med att läsa alla bibelböcker i följd. Om man läser två kapitel om dagen tar det ungefär två år att läsa hela Bibeln. Men man kan naturligtvis läsa mycket snabbare också. Både snabb genomläsning och långsam läsning rekommenderas. Det första gör att man snabbt får en överblick av hela Bibelns innehåll och det andra att man får tid att fördjupa sig i vissa särskilt viktiga ställen och möjlighet att bedja om ljus och ledning av Guds Ande medan man läser.

Det bibliska budskapet

Bibeln innehåller många slags texter. Det finns *historiska* böcker som ger exempel på hur människor i olika tider har trott på Gud men också hur de har vänt honom ryggen och tillbett främmande avgudar. Det finns också många *lagar* som enbart riktade sig till Israels folk och som inte direkt gäller oss som lever i nya testamentets tid. I dessa lagar bestämdes hur den gammaltestamentliga gudstjänsten skulle gå till. Översteprästen och hans medhjälpare leviterna skulle då förrätta offertjänst i det s.k. tabernaklet, som var ett stort tält som folket hade under ökenvandringen. Senare byggde Salomo ett underbart vackert tempel, där gudstjänsten med offer förrättades.

Israels folk hade också detaljerade bestämmelser om brott och straff, olika slags mat, sabbat (vilodag) och andra högtider som påsk, pingst och lövhyddohögtid.

Det viktigaste under gamla testamentets tid var att Gud redan där hade utlovat att en *Frälsare* (räddare) skulle komma. Han kallades *Messias*, den smorde, vilket på grekiska är detsamma som *Kristus*. Gud upprepade löftet om Kristus många gånger. Särskilt talade han genom sina profeter om detta. De största skriftprofeterna var *Jesaja, Jeremia, Hesekiel* och *Daniel*. Sedan finns det också tolv mindre profetböcker. Profeterna predikade och bestraffade folkets synd men vittnade också framför allt om Messias och den kommande frälsningen.

Lagen

När man läser Bibeln skall man särskilt lägga märke till att det överallt finns två olika läror, som tycks strida mot varandra. Det är *lagen* och *evangeliet*. Lagen lär oss att alla människor är skyldiga att leva i enlighet med Guds bud. Om vi inte gör detta kommer Guds straff för synden. Lagen brukar sammanfattas i Guds tio budord som i korthet lyder:

1. Du skall inte ha några andra gudar.
2. Du skall inte missbruka Herren din Guds namn.
3. Du skall inte missbruka vilodagen.

4. Du skall hedra din far och mor så att det går dig väl.
5. Du skall inte mörda (dräpa).
6. Du skall inte begå äktenskapsbrott.
7. Du skall inte stjäla
8. Du skall inte ljuga och vittna falskt.
9. Du skall inte ha begär till din nästas hustru.
10. Du skall inte ha begär till något hos din nästa.

Budorden finns att läsa lite utförligare i 2 Mos. 20:1-17 och 5 Mos. 5:1-22.

Mose fick dessa bud på två stentavlor och därför brukar buden 1-3 kallas *första* tavlans bud och buden 4-10 *andra* tavlans bud. De tio buden sammanfattas också i det dubbla kärleksbudet, som Jesus själv upprepar:

Du ska älska Herren din Gud av hela ditt hjärta och av hela din själ och av hela ditt förstånd. Det är det största och första budet. Sedan kommer ett som liknar det: Du ska älska din nästa som dig själv. På dessa två bud hänger hela lagen och profeterna." (Matt. 22:37-40).

Dessa bud innebär att det inte räcker med att till det yttre avhålla sig fån att ljuga, stjäla och mörda och försöka leva ett anständigt och moraliskt liv. Jesus betonar ju att det viktigaste är att vi av hjärtat älskar Gud och vår nästa. Jesus framhåller att detta också innebär att vi skall älska våra fiender.

Lagens lära är därför att vi skall leva ett heligt liv i enlighet med Guds tio bud och det dubbla kärleksbudet. Om vi inte gör det kommer Guds vrede och straff över oss.

Enligt Bibeln kan ingen enda människa uppfylla Guds lag. Orsaken är att synden har kommit in i världen strax efter skapelsen. Detta skedde genom djävulen, som från början var en god ängel som Gud hade skapat. Men han avföll från Herren tillsammans med en stor skara änglar och blev Guds onde fiende. Han kallas djävul eller satan, vilket betyder åklagare. Kort efter skapelsen frestade djävulen de första människorna, Adam och Eva, så att de bröt mot Guds bud. Så kom synden in i världen. Synden ärvdes också av alla efterföljande människor (arvsynd). Synden är orsaken till allt ont som sker i världen. Detta är inte bara yttre hemska händelser som kriminalitet, våld och krig, utan också människornas inre tankar, avundsjuka, kärlekslöshet, elakhet och hat. Alla sådana synder orsakas av att människan har tappat den andliga kontakten med Gud. Lagen lär alltså att Gud straffar all synd. Straffet är den andliga döden, den kroppsliga döden och till sist den eviga döden. Läs om syndafallet i 1 Mos. 3.

Evangeliet

Överallt i Bibeln möter vi också en annan lära, som står i direkt motsats till lagen. *Lagen* säger ju att vi är under Guds vrede och straff på grund av vår synd. Men *evangeliet* säger att vi blir frälsta på grund av vad Jesus Kristus har gjort för oss. Han är Guds evige Son, som har blivit människa genom att han föddes av jungfru Maria. Han levde ett fullkomligt liv utan synd. Han botade sjuka, uppväckte döda och gjorde många under. Samtidigt undervisade han alla människor om vägen till frälsningen genom tron. För detta fick han utstå mycket hån och lidande och till sist blev han avrättad med romarnas grymmaste straff, korsfästelsen. Men Bibeln lär att Jesus tog på sig alla våra synder och att det var Gud som straffade honom i vårt ställe. Detta kallas *försoningen*. Gud har försonat alla människor med sig själv genom Jesu död. Bibeln säger:

Han är försoningen för våra synder, och inte bara för våra utan också för hela världens (1 Joh. 2:2).

Lagen dömer oss som syndare, men evangeliet frikänner oss från all synd. Beviset för att detta är sant är Kristi uppståndelse. Jesus korsfästes och dog på fredagen under påsken (långfredagen). Sedan lades han i en grav, förseglad med en stor sten och bevakad av en romersk vaktstyrka. Men tidigt på söndagsmorgonen (påskdagen) uppstod Jesus. Hans kropp blev levande igen och han lämnade graven. Därefter kom några änglar och visade alla att graven var tom. Jesus uppenbarade sig sedan vid flera tillfällen för sina apostlar och vid ett tillfälle för mer än 500 personer. Aposteln Tomas som tvivlade på uppståndelsen fick då möta Jesus och sticka fingret i hålen efter spikarna och i såret efter spjutet i hans sida. Så här står det:

Tomas, en av de tolv, han som kallades Tvillingen, hade inte varit med de andra när Jesus kom. De andra lärjungarna sade nu till honom: "Vi har sett Herren!" Men han svarade dem: "Om jag inte får se spikhålen i hans händer och sticka mitt finger i spikhålen och min hand i hans sida, så kan jag inte tro." Åtta dagar senare var hans lärjungar samlade igen där inne, och nu var Tomas med dem. Då kom Jesus, medan

dörrarna var låsta, och stod mitt ibland dem och sade: "Frid vare med er!"
Sedan sade han till Tomas: "Kom med ditt finger och se mina händer, kom
med din hand och stick den i min sida. Och tvivla inte, utan tro!" Tomas
svarade honom: "Min Herre och min Gud!" Jesus sade till honom: "Du
tror därför att du har sett mig. Saliga är de som inte har sett men ändå
tror." (Joh. 20:24-29)

Evangeliet bygger på att Bibelns berättelser verkligen är
sanna. Bibeln betygar att Jesus verkligen dog för hela världens
synd och att han uppstod kroppsligen från de döda. Om inte
detta är sant faller hela kristendomen. Aposteln Paulus skriver:

Men om Kristus inte har uppstått, då är vår predikan meningslös och
även er tro meningslös. Då står vi där som falska vittnen om Gud, eftersom
vi har vittnat om Gud att han uppväckt Kristus, som han ju inte har
uppväckt ifall det verkligen är så att döda inte uppstår. För om döda inte
uppstår, har inte heller Kristus uppstått. Men om Kristus inte har uppstått,
då är er tro meningslös och ni är fortfarande kvar i era synder (1 Kor.
15:14-17).

Rättfärdiggörelsen genom tron

Bibelns allra viktigaste lära är rättfärdiggörelsen genom tron. Vi har sett att lagen dömer oss som syndare medan evangeliet frikänner oss från synden. Men dessa två tycks ju strida ju mot varandra! Jag är ju enligt *lagen* en syndare som står under Guds vrede och straff. Men enligt *evangelium* har Jesus Kristus dött för mig så att jag har blivit försonad med Gud. Vilken av dessa två läror skall då gälla mig personligen?

Svaret är att den människa som tror på Jesus Kristus och vad han har gjort får ta emot syndernas förlåtelse genom tron. Men den som inte tror blir kvar under Guds vrede och straff. Bibeln säger:

Den som tror på Sonen har evigt liv. Den som inte lyder Sonen ska inte se livet, utan Guds vrede blir kvar över honom (Joh. 3:36).

Frågan om hur en människa kommer till tro och blir rättfärdiggjord är därför den allra viktigaste frågan i hela Bibeln. Jesus sammanfattar svaret på den frågan i de verser som man har kallat "lilla Bibeln" och som troligen är världens mest lästa och älskade bibelställe:

Så älskade Gud världen att han utgav sin enfödde Son, för att var och en som tror på honom inte ska gå förlorad utan ha evigt liv (Joh. 3:16).

När en människa av lagen har blivit avslöjad och dömd som syndare skall hon vända sig från lagen till evangeliet, som säger att Gud i sin kärlek har sänt Jesus till vår frälsning. Han har dött för alla våra synder och uppfyllt hela Guds lag i vårt ställe. Om vi tror detta blir det vår personliga egendom. Genom tron på Kristus får vi ta emot hela frälsningen. Det är det som kallas rättfärdiggörelsen genom tron. Om detta underbara verk av Gud skriver aposteln Paulus i Romarbrevet. Först skriver han om synden och lagen:

Men vi vet att allt som lagen säger är riktat till dem som står under lagen, för att varje mun ska tystas och hela världen stå skyldig inför Gud. Ingen människa förklaras rättfärdig inför honom genom laggärningar. Vad som ges genom lagen är insikt om synd (Rom. 3:19f).

Därefter talar aposteln om rättfärdiggörelsen och syndernas förlåtelse genom Kristus:

Men nu har det uppenbarats en rättfärdighet från Gud utan lag, en som lagen och profeterna vittnar om, en rättfärdighet från Gud genom tro på Jesus Kristus för alla som tror. Här finns ingen skillnad. Alla har syndat och saknar härligheten från Gud, och de förklaras rättfärdiga som en gåva, av hans nåd, därför att de är friköpta av Kristus Jesus. Honom har Gud ställt fram som en nådastol genom tron på hans blod. Så ville han visa sin rättfärdighet, eftersom han i sitt tålamod hade lämnat de tidigare begångna synderna ostraffade. I den tid som nu är ville han visa sin rättfärdighet: att han både är rättfärdig och förklarar den rättfärdig som tror på Jesus. Vad kan vi då berömma oss av? Beröm är uteslutet. Genom vilken lag? Gärningarnas? Nej, genom trons lag. Vi hävdar nämligen att människan förklaras rättfärdig genom tro, utan laggärningar (Rom. 3:21-28).

Det grekiska ord som här i Svenska Folkbibeln översätts med "*förklara rättfärdig*" översattes av Luther[1] och många andra översättare med orden "*göra rättfärdig*".[2] Det är i grunden en domstolsterm som betyder "*frikänna*". En syndare blir i Guds domstol frikänd från alla sina synder för Kristi skull. Vår lutherska bekännelse lär:[3]

Vidare lärs att vi inte kan få förlåtelse och rättfärdighet inför Gud genom vår egen förtjänst eller genom egna gärningar. Istället får vi syndernas förlåtelse och blir rättfärdiga inför Gud av nåd för Kristi skull genom tron. Det sker när vi tror att syndernas förlåtelse, rättfärdighet och evigt liv skänks oss för Kristi skull, som genom sin död har fullgjort allt för våra synder. Denna tro tillräknar Gud oss som rättfärdighet inför honom, som Paulus säger i Romarbrevet 3-4.

---

[1] Martin Luther (1483-1546) kom till full klarhet i rättfärdiggörelseläran genom den s.k. tornupplevelsen i slutet av år 1518.

[2] På tyska *rechtfertigen, rechtfertig machen*; på engelska *justify*, äldre svenska översättningar *rättfärdiggöra, göra rättfärdig*. Grekiska ordet är δικαιόω (dikaióå).

[3] Augsburgska bekännelsen, art. 4, övers. SR, SKB 58, Trigl 44.

Dopet och tron

Jesus lär oss också att en människa måste bli född på nytt genom dopet. Den gamla människan står under lagen och måste bli omvänd. Jesus sade till Nikodemus:

Jag säger dig sanningen: Den som inte blir född på nytt kan inte se Guds rike." Nikodemus sade: "Hur kan en människa bli född när hon är gammal? Hon kan väl inte komma in i moderlivet och födas en gång till?" Jesus svarade: "Jag säger dig sanningen: Den som inte blir född av vatten och Ande kan inte komma in i Guds rike. Det som är fött av köttet är kött, och det som är fött av Anden är ande (Joh. 3:3-6).

Människan får alltså Guds Ande genom dopet och blir därigenom född på nytt. Det sker genom tron, som är en Guds gåva. Men ges inte tron genom Guds ord och evangelium?

Jo, Guds Ande verkar både genom det lästa och det predikade ordet och genom sakramenten. Genom såväl *dopet, nattvarden* som *bikten* verkar Gud syndernas förlåtelse precis som genom *ordet*. Detta är de nådemedel som Gud har gett oss. Om dopet skriver aposteln Paulus:

Men när Gud, vår Frälsare, uppenbarade sin godhet och kärlek till oss människor frälste han oss, inte för rättfärdiga gärningar som vi hade gjort utan på grund av sin barmhärtighet. Han frälste oss genom ett bad till ny födelse och förnyelse i den helige Ande, som han rikligt utgöt över oss genom Jesus Kristus, vår Frälsare, för att vi ska stå rättfärdiga genom hans nåd och bli arvingar med hopp om evigt liv. Detta är ett ord att lita på (Tit. 3:4-8).

Detta frälsningens bad är dopet, som Jesus har givit till sin kyrka. Han säger i dopbefallningen:

Åt mig har getts all makt i himlen och på jorden. Gå därför ut och gör alla folk till lärjungar! Döp dem i Faderns och Sonens och den helige Andes namn och lär dem att hålla allt som jag befallt er. Och se, jag är med er alla dagar till tidens slut (Matt. 28:18-20).

Även nattvarden och bikten ger syndernas förlåtelse. Om nattvarden säger Jesus:

Detta är mitt blod, förbundsblodet, som blir utgjutet för många till syndernas förlåtelse (Matt. 26:28).

Och om bikten (avlösningen) säger han:

Frid vare med er! Som Fadern har sänt mig sänder jag er." Sedan han sagt detta, andades han på dem och sade: "Ta emot den helige Ande! Om ni förlåter någon hans synder **så är de förlåtna**, *och om ni binder någon i hans synder så är han bunden"(Joh. 20:21-23).*

Guds gåva eller avgörelse?

Många lär att en människa kommer till tro genom sin egen avgörelse eller sitt viljebeslut. Men detta stämmer inte. Bibeln lär klart och tydligt att tron enbart är en gåva från Gud, som inte beror på människans egna gärningar eller eget beslut. Paulus skriver:

Av nåden är ni frälsta genom tron, inte av er själva. Guds gåva är det, inte på grund av gärningar för att ingen ska berömma sig (Ef. 2:8f).

När Paulus predikade i Filippi kom en kvinna som hette Lydia och lyssnade. Då öppnade Gud hennes hjärta så att hon började tro på Kristus. Bibeln säger:

En av dem som lyssnade hette Lydia. Hon handlade med purpurtyger och var från staden Tyatira, och hon hörde till dem som vördade Gud. Herren öppnade hennes hjärta så att hon tog till sig det som Paulus predikade. När hon och hennes familj hade blivit döpta, bad hon: "Om ni anser att jag tror på Herren, kom då och bo hemma hos mig!" (Apg. 16:14f).

Av dessa bibelställen ser vi att tron är Guds fria gåva, enbart av nåd. Genom *lagen* lär vi känna vår synd, men genom *evangelium* verkar Gud trons gåva i våra hjärtan.

Bibelns lära

När en människa har kommit till tro på Kristus behöver hon regelbunden bibelundervisning. Det är då en stor hjälp att systematiskt studera vad Bibeln lär i olika trosfrågor. För att en kristen skall växa i tron behövs kunskap om vad Bibeln verkligen lär. Som en hjälp till detta kan särskilt *Luthers lilla katekes* rekommenderas. Där går Luther igenom de tio buden, trosbekännelsen, bönen, dopet, bikten och nattvarden. Dessutom finns den s.k. hustavlan och några böner. Det är en kort skrift, men mycket värdefull för alla kristna.

Som en ytterligare hjälp ges i det följande en översikt över Bibelns viktigaste läropunkter. Särskilt tonvikt läggs då också på sådana frågor som blivit mycket omdiskuterade i vår tid.

Olika kyrkosamfund har olika svar på vad Bibeln lär. Många av dessa svar står emot varandra. Detta kan verka mycket förvirrande för en kristen. Alla svar kan ju inte samtidigt vara sanna. För att bli viss om sanningen bör därför varje kristen noga studera sin Bibel och jämföra med vad som sägs. Bibeln varnar oss för falska lärare som kommer för att föra oss bort från den rätta, bibliska läran. Bakom detta ligger djävulen, som är en lögnare och som också använder sig av Bibelns ord som han tolkar felaktigt för att förvilla oss bort från tron på Jesus. I den här skriften presenteras därför både den rätta, bibliska läran och några falska läror som strider mot Bibelns tydliga lära.

Här följer så 18 grundläggande läropunkter som presenteras utifrån vad Bibeln själv lär. Det är viktigt att man noga studerar dessa bibelställen. Dessutom anges ytterligare ställen som läsaren själv kan studera. Ibland anges också vad den lutherska bekännelsen lär. Bekännelsen lägger aldrig någonting till Bibelns lära. Bekännelsen vill bara klart och tydligt visa vad som är Bibelns egen lära och den framställer detta mot felaktiga läror som hotat kyrkan under vissa tider.

18 viktiga läropunkter

1. Bibeln, Guds ord

Både gamla och nya testamentet är Guds ord. De är visserligen skrivna av människor, men den helige Ande har ingivit dem vad de skulle skriva så att alltsammans verkligen är Guds ord, utan fel och brist. Jesus säger:

Skriften kan inte upphävas (Joh. 10:35).

Ditt ord är sanning (Joh. 17:17).

Tro inte att jag har kommit för att upphäva lagen eller profeterna. Jag har inte kommit för att upphäva utan för att uppfylla. Jag säger er sanningen: Innan himmel och jord förgår ska inte en bokstav, inte en prick i lagen förgå, inte förrän allt har skett (Matt. 5:17f).

Och Paulus skriver:

Men vi har inte fått världens ande utan Anden som är från Gud, för att vi ska veta vad vi fått av Gud. Det förkunnar vi också, inte med ord som mänsklig visdom lär oss utan med ord som Anden lär oss, när vi förklarar andliga ting med andliga ord (1 Kor. 2:12f).

Hela Skriften är utandad (inspirerad) av Gud och nyttig till undervisning, tillrättavisning, upprättelse och fostran i rättfärdighet (2 Tim. 3:16).

Och Petrus skriver:

Framför allt ska ni veta att ingen profetia i Skriften har kommit till genom egen tolkning. Ingen profetia har burits fram genom någon människas vilja, utan ledda av den helige Ande har människor talat vad de fått från Gud (2 Petr. 1:20f).

Jesus förklarade också att apostlarna på ett särskilt sätt skulle bli ledda av den helige Ande så att deras skrifter innehåller hela sanningen.

Detta har jag sagt er medan jag ännu är kvar hos er. Men Hjälparen, den helige Ande som Fadern ska sända i mitt namn, han ska lära er allt och påminna er om allt som jag sagt er (Joh. 14:25f).

Genom apostlarnas ord kommer de kristna till tro.

Men jag ber inte bara för dem (apostlarna), utan också för dem som kommer att tro på mig genom deras ord (Joh. 17:20).

Den som lyssnar på apostlarnas undervisning hör Jesus själv tala genom dem:

Den som lyssnar till er lyssnar till mig, och den som förkastar er förkastar mig (Luk. 10:16).

Läs också Ps. 119:105, Luk. 11:28, Joh. 5:39, Joh. 14:23, 1 Kor. 2:13, 2 Kor. 2:17, Hebr. 4:12f.

Det skall sägas att också **vår lutherska bekännelse** har denna uppfattning. Där står det t.ex.:

Vi är sålunda i kraft av Guds ord genom profeternas och apostlarnas skrifter vissa om vår kristna tro och bekännelse och det, som genom den helige Andes nåd blivit stadfäst i våra hjärtan (Företal till Konkordieboken, SKB 41, Trigl 20)

Guds ords ofelbara sanning (SKB 40, Trigl 18)

Guds rena, ofelbara och oföränderliga ord (SKB, 37, Trigl 14).

Man kallar djävulen en tusenkonstnär. Vad skall man då säga om Guds ord, som förjagar och tillintetgör en sådan tusenkonstnär med all hans konst och makt? Det måste förvisso vara mer än en hundratusenkonstnär (Stora katekesen, SKB, 383, Trigl 570).

För det första bekänner vi oss till Gamla och Nya testamentets profetiska och apostoliska skrifter såsom Israels rena och klara källa, som allena utgör den enda sanna norm, efter vilken alla lärare och läror skall prövas och dömas (FC SD, SKB 542, Trigl 848).

Bibelns kanon

De skrifter som är ingivna av Gud är rättesnöret (kanon) för Guds ords lära. Därför kallas de kanoniska skrifter. I gamla testamentet finns det 39 kanoniska böcker. Dessutom finns de apokryfiska skrifterna som inte tillhör kanon, men som är goda och nyttiga att läsa. De behandlar tiden mellan gamla och nya testamentet. I nya testamentet finns det 27 skrifter. Av dessa är 20 skrifter de s.k. "säkra huvudskrifterna" och övriga 7 skrifter sådana som på någon punkt var omdiskuterade i fornkyrkan. Men de har alltid värderats högt i den kristna kyrkan. Luther placerade fyra av dessa sist i sin översättning och angav att de måste läsas i ljuset av de säkra huvudskrifterna.

Kriteriet för de kanoniska skrifterna i NT var

(1) att de skulle vara skrivna av en evangelist eller apostel.

(2) att de hade förelästs i kyrkan från sin tillkomst.

(3) att de skulle vara erkända i alla församlingarna.

Eftersom det tidigt fanns en mängd falska, icke-kristna skrifter som gjorde anspråk på att vara bibliska var urkyrkan mycket noga med att inte ta med sådana skrifter i kanon. När vi presenterar den kristna läran skall vi utgå från de säkra huvudskrifterna och tolka de omdiskuterade utifrån dessa.

Felaktiga uppfattningar om Bibeln

Mot Jesu och apostlarnas lära om Bibeln står tyvärr mycket av den moderna tidens bibelundervisning vid universitet och högskolor. Enligt den s.k. *historisk-kritiska* metoden utgår man ifrån att Bibelns böcker innehåller mängder av felaktigheter. Man räknar inte med att Gud verkligen har gjort de under som beskrivs i Bibeln och att profeter, evangelister och apostlar verkligen varit ledda av Guds Ande när de skrev. Vi kallar detta för *den liberala bibelkritiken* eller *den teologiska modernismen* och vi tar kraftigt avstånd från den eftersom den ger en falsk bild av Guds ord. Vi håller istället fast vid Bibelns inspiration och ofelbarhet i alla stycken. Bibeln säger själv:

Herrens undervisning är fullkomlig, den ger nytt liv åt själen.
Herrens vittnesbörd är sant, det ger vishet åt enkla människor.
Herrens befallningar är rätta, de ger glädje åt hjärtat.
Herrens bud är klart,det ger ljus åt ögonen (Ps. 19:8f).

En felaktig uppfattning är också att kyrkor långt efter apostlarnas tid skulle ha rätt att förklara även GT:s apokryfer och NT:s omdiskuterade skrifter (antilegomena) för säkert kanoniska.[4] Så gjorde den romersk-katolska kyrkan vid det Tridentinska kyrkomötet (1545–1563) vilket de rättrogna lutherska lärarna protesterade mot.[5] I Luthers företal till de nytestamentliga skrifterna fasthålls däremot skillnaden mellan de säkra huvudskrifterna och de motsagda (antilegomena). Den reformerta kyrkan accepterar inte heller denna skillnad. Tyvärr har man numera inte heller i den lutherska kyrkans bibelöversättningar angett denna skillnad såsom Luther gjorde och så som det framgick av lutherska biblar fram till 1800-talet. Detta är troligen en följd av reformert påverkan. En allvarlig avvikelse från den bibliska läran är det när även s.k. konservativa teologer i vår tid menar att det finns fel i Bibeln. Somliga av dem har då menat att Kristi utblottelse när han blev människa skulle ha inneburit, att han som människa inte var allvetande, och att det därmed kan finnas fel och brister i Bibeln. Detta är en mycket allvarlig villolära. Jesu utblottelse innebar endast att han inte alltid helt och fullt använde sig av sina gudomliga egenskaper. Han blev fattig för vår skull, led och dog på korset. Under den tiden framstrålade inte hans gudomliga härlighet såsom den gjorde på förklaringsberget och efter hans uppståndelse. Men Kristus hade som människa ända från sin avlelse alla de gudomliga egenskaperna. När det står att "Ordet blev kött" (Joh. 1:14) betyder det verkligen att Gudomens hela fullhet alltid bor i honom kroppsligen. Skriften lär detta tydligt:

---

[4] *Franz Pieper* (1852-1931) skriver: Då det gäller Nya testamentets skrifter, har vi i den gamla kyrkans vittnesbörd, som är helt enigt ifråga om de fyra evangelierna, apostlagärningarna, Pauli 13 brev, 1:a johannesbrevet och 1:a petrusbrevet (homologoumena). Mer eller mindre tvivel uttalades om hebréerbrevets, 2:a petrusbrevets, 2:a och 3:e johannesbrevens, jakobsbrevets, judasbrevets och uppenbarelsebokens kanoniska karaktär (antilegomea)... Den distinktion som gjordes i den gamla kyrkan, kan inte upphävas genom något kyrkans senare beslut, såsom skett i Tridentinum. Även Luther erkänner giltigheten av den gamla kyrkans distinktion (Pieper-Mueller, Kristen dogmatik s. 138).

[5] Framför allt gäller detta *Martin Chemnitz* (1522-1586) i sin stora skrift Examen Concilii Tridentini, där han ingående behandlar det romersk-katolska kyrkomötet.

Gud beslöt att låta hela fullheten bo i honom (Kol. 1:19)

I honom är vishetens och kunskapens alla skatter gömda (Kol. 2:3).

I honom bor gudomens hela fullhet i kroppslig gestalt (Kol. 3:9).

Den bibliska läran om Skriftens inspiration innebär inte bara att Bibeln på ett allmänt sätt är ingiven av den helige Ande. Den innebär att allt som står skrivet är sant och talat av Gud, fastän det är nedtecknat av människor. Detta gäller också historiska, geografiska och naturvetenskapliga saker som i förbigående behandlas. Dock måste vi vara noga med att låta skrift tolka skrift som Luther säger. Ibland använder ju Bibeln ett poetiskt bildspråk, och då får vi inte kräva att det skall uppfattas bokstavligt. När Bibeln skildrar hurdan Gud är använder den mänskliga begrepp för att beskriva Gud. Det talas t.ex. om vreden som kommer ur Guds näsa, om hans starka händer och hans finger, om hur han färdas på molnen o.s.v. Av hela Bibelns lära framgår det ju tydligt att Gud inte är försedd med några kroppsdelar. Han är en evig, osynlig Ande. Men för att vi skall förstå hans egenskaper använder Bibeln ett bildspråk från människovärlden. Så innebär läran om inspirationen att vi måste förstå Skriftens undervisning utifrån dess eget språk. Men när även konservativa teologer påstår att det finns fel i Bibeln går de emot Guds eget ord. Troligen beror detta på att de kompromissar med den moderna, s.k. vetenskapliga teologin som om och om igen hävdar att det är bevisat att Bibeln innehåller fel och motsägelser.

Goda, bibeltroende teologer i alla tider har behandlat svåra ställen i Bibeln som vi inte kan förklara. Man har pekat på olika, möjliga lösningar. Luther brottades t.ex. med vissa sifferuppgifter i 1 Mosebok som han inte kom tillrätta med. Detta är en svår knut, skrev han. Men han höll fast vid att den helige Ande inte kan ljuga. Många svårigheter beror på att vi har en bristfällig kunskap beträffande historia och arkeologi. I vår tid har t.ex. många svårigheter lösts på grund av nya arkeologiska fynd. Vi kan tryggt hålla oss till Bibelns egen lära.

2. Den treenige Guden

Vi tror att Gud är evig och allsmäktig, helig och rättfärdig, god och barmhärtig. Fastän det bara finns en enda Gud är Han samtidigt av evighet Fader, Son och Ande, tre personer i en gudom. Han är treenig. Vårt förnuft kan inte fatta detta, men vi tror det på grund av Bibelns klara och tydliga ord.

Hör, Israel! Herren vår Gud, Herren är en. (5 Mos. 6:4).

Vi vet att det inte finns någon avgud i världen och att det bara finns en Gud (1 Kor. 8:4).

Döp dem i Faderns och Sonens och den helige Andes namn (Matt. 28:19).

Vår Herre Jesu Kristi nåd, Guds kärlek och den helige Andes gemenskap vare med er alla (2 Kor. 13:13).

Sonen är Gud

Att Jesus Kristus är Guds evige Son som fanns före all tid ser vi av följande bibelställe, där han kallas Ordet:

I begynnelsen var Ordet, och Ordet var hos Gud, och Ordet var Gud. Han var i begynnelsen hos Gud (Joh. 1:1f).

Den evige Guds Son blev sedan människa när han antog mänsklig natur genom jungfru Maria. Det står:

Och Ordet blev kött och bodde bland oss, och vi såg hans härlighet, den härlighet som den Enfödde har från Fadern. Och han var full av nåd och sanning (Joh. 1:14).

Det står också klart uttryckt att Jesus Kristus är Gud:

Men vi vet att Guds Son har kommit och gett oss förstånd så att vi känner den Sanne, och vi är i den Sanne, i hans Son Jesus Kristus. Han är den sanne Guden och det eviga livet (1 Joh. 5:20).

Läs också Jes. 9:6, Matt. 1:20f, Luk. 1:31-37, Rom. 1:4, Rom. 9:5, Fil. 2:9-11, Ef. 1:20f, Ef. 4:10.

Anden är Gud

Att den Helige Ande är Gud framgår av att Anden är den som helgar oss. Det kan bara Gud själv göra. Det Fadern har bestämt verkar Anden genom Kristi blod:

Ni är förutbestämda av Gud Fadern och helgade genom Anden till lydnad och rening med Jesu Kristi blod (1 Petr. 1:2).

Anden beskrivs som allvetande, vilket bara Gud är:

Gud har uppenbarat det för oss genom sin Ande. Anden utforskar allt, även djupen i Gud. Vem vet vad som finns i människan utom människans egen ande? Så vet heller ingen vad som finns i Gud utom Guds Ande (1 Kor. 2:10f).

Anden är också den som lär apostlarna allt. Det kan endast Gud göra. Jesus säger om Anden:

Men Hjälparen, den helige Ande som Fadern ska sända i mitt namn, han ska lära er allt och påminna er om allt som jag sagt er (Joh.14:26).

Uttryckligen kallas också Anden för Gud. När Ananias och Safira syndade svårt genom bedrägeri står det:

Då sade Petrus: "Ananias, varför har Satan fyllt ditt hjärta så att du ljög för den helige Ande? ... Du har inte ljugit för människor utan för Gud (Apg. 5:3f).

Anden är också närvarande överallt. Det kan bara Gud vara:

Vart kan jag gå för din Ande, vart kan jag fly för ditt ansikte? Stiger jag upp till himlen är du där, bäddar jag åt mig i dödsriket är du där (Ps. 139:7f).

Läs också Ps. 33:6, Sak. 12:10, Apg. 8:39, 2 Kor. 4:13, Rom. 8:9, Tit. 3:5, Hebr. 10:29, 1 Petr. 4:14, 2 Petr. 1:21.

Visserligen finns orden "treenig" och beteckningen "tre personer" inte i Bibeln, men treenigheten är ändå en klar och tydlig biblisk lära. Det står utom allt tvivel att det bara finns en enda Gud, och samtidigt beskrivs både Fadern, Sonen och Anden som sann Gud. Det är inte bara tre sidor av den ende Guden, utan de framstår i Bibeln som klart skilda personer.

Felaktiga uppfattningar om Gud

Mot denna bibliska lära står en rad obibliska sekter. Redan i fornkyrkan fanns det flera villolärare som vände sig mot tanken att människan Jesus också var sann Gud. De kallades bl.a. för gnostiker och arianer. Senare kom Muhammed med en liknande lära. På 1500-talet framträdde socinianerna och i vår tid sekter som Jehovas vittnen och s.k. unitariska rörelser. De är dock inga riktiga kyrkor, ty utan läran om den treenige Guden befinner man sig utanför den sanna kristna kyrkan och frälsningen. Även bibelkritiker och moderna teologer förnekar ofta läran om treenigheten. De menar då vanligen att Gud verkade i Jesus men inte att han till sitt väsen verkligen var Gud. Sådana radikala teologer står också utanför den kristna kyrkan och deras lära är grundfalsk.

Vår lutherska bekännelse lär:

Om Gud. För det första håller våra kyrkor med stor enighet fast vid Niceakonciliets beslut om att det bara finns ett enda gudomligt väsen. Detta väsen både kallas Gud och är verkligen Gud. Ändå finns det tre olika personer i Guds väsen, som alla är lika mäktiga och eviga: Gud Fadern, Gud Sonen och Gud den helige Ande. Alla tre utgör ett enda gudomligt väsen som är evigt, okroppsligt, odelbart och utan ände, med omätlig makt, vishet och godhet, skaparen och uppehållaren av allt som är synligt och osynligt. Med ordet person förstår vi då inte någon del av något annat och inte heller någon egenskap hos någon annan, utan det som existerar i sig självt, som kyrkofäderna uttryckte det.

Därför förkastar vi alla villoläror som strider mot denna artikel, t.ex. manikéernas, som lärde två gudar, en ond och en god. Likaså fördöms valentinianerna, arianerna, eunomianerna och muslimerna och alla liknande, liksom också gamla och nya samosatener, vilka bara räknar med en enda person. De två andra, Ordet (Kristus) och den helige Ande bortförklarar de med sina sofismer och säger att Ordet bara är ett vanligt ord eller en röst och att den helige Ande bara är en skapad rörelse hos tingen[6]

---

[6] CA 1, övers. SR, SKB 56, Trigl 42.

3. Skapelsen

Vi tror att Gud har skapat hela världen just så som det står beskrivet i skapelseberättelsen i 1 Mos. 1-2. Gud skapade hela universum på sex dagar, och allt var gott och fullkomligt. Även änglarna måste ha skapats då även om de inte nämns på detta ställe. De är osynliga andar som lovar Gud och utför hans befallningar.

Människan skapades till Guds avbild för att råda över skapelsen. Ännu idag uppehåller Gud sin skapelse och dess ordning och skänker liv och skönhet åt hela naturen.

Och Gud skapade människan till sin avbild, till Guds avbild skapade han henne, till man och kvinna skapade han dem. Och Gud välsignade dem och sade till dem: "Var fruktsamma och föröka er, uppfyll jorden och lägg den under er. Råd över havets fiskar, himlens fåglar och alla djur som rör sig på jorden." (1 Mos. 1:27f)

På sex dagar gjorde Herren himlen och jorden och havet och allt som är i dem, men på sjunde dagen vilade han (2 Mos. 20:11).

Lova Herren, ni hans änglar, ni starka hjältar som utför hans befallning så snart ni hör ljudet av den (Ps. 103:20).

Han (Kristus) är den osynlige Gudens avbild, förstfödd före allt skapat, för i honom skapades allt i himlen och på jorden: synligt och osynligt, tronfurstar och herradömen, härskare och makter − allt är skapat genom honom och till honom. Han är till före allt, och allt hålls samman genom honom (Kol. 1:16f).

Genom tron förstår vi att universum har skapats genom ett ord från Gud, så att det vi ser inte har blivit till av något synligt (Hebr. 11:3).

Till skapelsen hör också att Gud fortsätter att uppehålla världen varje stund. Detta kallas Guds försyn. Det är Gud ensam som gör att allting kan leva och växa. Därför är vi skyldiga att tacka och lova honom för skapelsens under.

Det onda i världen hör dock inte till skapelsen. Det är djävulen och synden som förstör Guds goda skapelse. Det är viktigt att förstå att skapelsen i sig är god. De ordningar som finns i skapelsen är också goda. Dit hör att Gud har inrättat över- och underordning mellan regering och medborgare, arbetsgivare och anställda, äldre och yngre, män och kvinnor, barn och föräldrar, präst och församling.

Regering och medborgare

Varje människa ska underordna sig den överhet hon har över sig. Det finns ingen överhet som inte är av Gud, och den som finns är tillsatt av honom. Den som motsätter sig överheten går därför emot Guds ordning, och de som gör så drar domen över sig själva. De styrande är ju inget hot mot dem som gör det goda, utan mot dem som gör det onda (Rom. 13:1).

Arbetsgivare och anställda

Och ni herrar, gör på samma sätt mot era tjänare. Och sluta hota! Ni vet att ni har samme Herre i himlen som de, och han är inte partisk (Ef. 6:9).

Ni tjänare, lyd era jordiska herrar. Visa dem vördnad och respekt med uppriktigt hjärta, så som ni gör mot Kristus. Var inte ögontjänare som försöker ställa sig in hos människor, utan var Kristi tjänare som gör Guds vilja helhjärtat. Tjäna villigt och glatt, gör det för Herren och inte för människor. Ni vet ju att var och en som gör något gott ska få sin lön av Herren, vare sig han är slav eller fri (Ef. 6:5-8).

Äldre och yngre

Likaså ni yngre, underordna er de äldre. Och ni alla, klä er i ödmjukhet mot varandra, för Gud står emot de högmodiga men ger nåd åt de ödmjuka. Ödmjuka er därför under Guds mäktiga hand, så ska han upphöja er när tiden är inne (1 Petr. 5:5-6).

Män och kvinnor

På samma sätt ska ni män leva förståndigt med era hustrur, som är det svagare kärlet. Visa dem aktning som medarvingar till livets nåd så att inget står i vägen för era böner (1 Petr. 3:7).

Ni män, älska era hustrur och var inte hårda mot dem (Kol. 3:19).

Ni hustrur, underordna er era män så som ni underordnar er Herren. En man är nämligen sin hustrus huvud, liksom Kristus är församlingens huvud och själv Frälsare för sin kropp. Så som församlingen underordnar sig Kristus, så ska kvinnorna i allt underordna sig sina män (Ef. 5:22).

Föräldrar och barn

Ni fäder, reta inte upp era barn, utan fostra och förmana dem i Herren (Ef. 6:4).

Ni barn, lyd era föräldrar i Herren, för det är rätt och riktigt. Hedra din far och din mor – detta är det första budet som har med sig ett löfte – så att det går dig väl och du får leva länge på jorden (Ef. 6:1-3).

Präst och församling

En biskop (präst) ska vara oklanderlig, en enda kvinnas man, nykter, förståndig, aktad, gästfri, en god lärare och en Guds förvaltare. Han får inte missbruka vin eller vara våldsam eller oärlig, utan ska vara vänlig, fridsam och fri från penningbegär. Han ska ta väl hand om sin familj och se till att barnen lyder och visar all respekt. Men om någon inte förstår att ta hand om sin egen familj, hur ska han då kunna ta hand om Guds församling? Han får inte vara nyomvänd, så att han blir högmodig och faller under djävulens dom. Han måste också ha gott anseende bland dem som står utanför, så att han inte får dåligt rykte och fastnar i djävulens snara (1 Tim. 3:2-6).

Han ska hålla sig till lärans tillförlitliga ord, så att han både kan uppmuntra med sund undervisning och tillrättavisa motståndarna (Tit. 1:9).

Vi ber er, bröder, att uppskatta dem som arbetar bland er och leder er i Herren och förmanar er. Visa dem den största kärlek för det arbete de gör. Håll frid med varandra. Vi uppmanar er, bröder: förmana de oansvariga, uppmuntra de missmodiga, ta hand om de svaga och ha tålamod med alla (1 Tess. 5:12f).

Lyd era ledare och rätta er efter dem, för de vakar över era själar och ska avlägga räkenskap. Låt dem göra det med glädje och inte suckande, för det skulle inte vara lyckligt för er (Hebr. 13:17).

Felaktiga uppfattningar om skapelsen

Mot Bibelns lära om skapelsen vände sig redan i fornkyrkan *gnostikerna*. De menade att skapelsen var något ont som kommit till genom en lägre stående skapargud. Kättaren *Marcion (85-160)* hade också en liknande, negativ syn på skapelsen och han underkände därför hela gamla testamentet och stora delar av det nya. Men kyrkofäderna satte skapelsen högt och särskilt *Irenaeus (130-202)* försvarade denna bibliska lära.

I vår tid har inflytandet från darwinismen och evolutionismen (utvecklingsläran) gjort att många bibelkritiska teologer avvisar skapelseberättelsen. De ser den endast som en from berättelse utan historisk verklighet. De menar också att icke-bibliska myter ligger bakom. Men utvecklingsläran är inte någon bevisad vetenskap utan en hypotes, som utgår från vad vi kan se runtomkring oss idag. Darwin ifrågasatte även läran om treenigheten och den bibliska gudstron. Den idag vanliga ateismen är också en stark drivkraft bakom darwinismens popularitet.

Evolutionismens företrädare kan dock inte på något sätt bevisa sin teori. Bibeltroende kristna kan med gott samvete hålla fast vid den bibliska läran. Den förutsätter ju att Gud har gripit in i historien genom en väldig, kraftfull skaparakt. Den allsmäktige Guden kan göra vad han vill. Ingenting fanns innan skapelsen annat än Gud själv. Inga forskare var med då. Det är endast genom Guds egen uppenbarelse vi kan vara övertygade om hur skapelsen gick till. Filosofer i alla tider har haft en mängd olika teorier om världens uppkomst. De som idag väljer att tro på "Big bang" må göra detta. Utifrån tron på Bibeln avvisar vi sådana teorier som både ovetenskapliga och falska.

Bekännelseskrifterna

Vår bekännelse håller troget fast vid läran om skapelsen. Luther skriver där i lilla katekesen:

Jag tror, att Gud har skapat mig och alla varelser. Han har gett mig kropp och själ, ögon, öron och alla lemmar, förstånd och alla sinnen, och han uppehåller det fortfarande. Gud ger mig också kläder och skor, mat och dryck, hus och hem, hustru och barn och allt vad jag äger. Han försörjer mig rikligen och ger mig varje dag allt jag behöver för att leva. Han skyddar och bevarar mig för skada, farlighet och allt ont. Detta gör han endast på grund av sin nåd och barmhärtighet som en kär far, utan att jag på något sätt har förtjänat det eller är värd det. För allt detta är jag skyldig att tacka och lova, lyda och tjäna honom. Det är verkligen sant.[7]

I den stora katekesen skriver Luther att även ett litet barn skulle svara:

Min Gud är för det första Fadern, som har skapat himmel och jord. Förutom denne Ende håller jag ingenting för att vara Gud, ty det finns icke någon annan, som skulle kunna skapa himmel och jord.

Luther skriver vidare:

Dessutom bekänner vi också, att Gud, Fadern, inte bara har givit oss allt detta, som vi har och ser med våra ögon, utan också dagligen beskyddar och bevarar oss för olycka och allt ont... Ty om vi av hjärtat trodde det, skulle vi också handla därefter och inte så stolta gå vår väg, trotsa och brösta oss såsom ägde vi genom oss själva liv, rikedom, makt och ära m.m. ... Därför borde denna artikel, om vi trodde den, ödmjuka och förskräcka oss alla. Ty vi syndar dagligen med ögon, öron, händer, kropp och själ, med pengar och ägodelar och med allt vad vi har, men allra mest syndar de, som ännu kämpar mot Guds ord... Fördenskull skall vi dagligen öva denna artikel, inprägla den hos oss och erinra oss den vid allt som möter oss och vid allt gott som sker med oss. Och när vi räddas ur nöd och fara – såsom det ju är Gud som ger och gör allt sådant med oss, för att vi därav skall märka och förstå hans faderliga hjärta och hans översvinneliga kärlek till oss – så skulle vårt hjärta därav värmas och upptändas till tacksamhet, så att vi brukar allt detta goda till Guds ära och pris.[8]

---

[7] Övers. SR, SKB 365, Trigl 542.
[8] SKB 443f, Trigl 678ff.

4. Lagen

Vi har redan i inledningen talat om lagen och tio Guds
bud. Här skall tilläggas att lagen också är uppenbarad genom
skapelsen och samvetet. Varje människa har av Gud fått
kunskap om att det bakom allt det vackra och ändamålsenliga
vi ser i skapelsen måste finnas en skapare. Vi kallar detta den
uppenbarade lagen. Aposteln Paulus skriver:

> *Det man kan veta om Gud är uppenbart bland dem (hedningarna),
> eftersom Gud har uppenbarat det för dem. Ända från världens skapelse
> syns och uppfattas hans osynliga egenskaper, hans eviga makt och
> gudomliga natur, genom de verk han har skapat (Rom. 1:19f).*

Denna naturliga gudskunskap räcker inte till frälsning, men
väl till att vi kan förstå med vårt förnuft att det måste finnas en
Gud som har skapat allt. När vi ser ett vackert hus förstår vi ju
att det måste finnas en skicklig arkitekt och konstruktör bakom
byggnaden. På samma sätt bör vi dra den logiska slutsatsen att
det måste finnas en ännu skickligare "arkitekt och konstruktör"
bakom universums ofantligt mäktiga byggnad och otroligt
välfungerande konstruktion. Bara detta att vi har våra
fantastiska kroppar med de fem sinnena syn, hörsel, lukt, smak
och känsel och vår otroligt komplicerade tankeförmåga borde
göra att vi bakom detta mästerverk också erkänner Mästaren.
Bibeln säger:

> *Varje hus är byggt av någon, men Gud är den som har byggt allt
> (Hebr. 3:4).*

Visserligen gör synden att den naturliga gudskunskapen inte
är så tydlig och klar som den annars skulle vara. Synden gör
att vissa människor förnekar att Gud finns (ateism) eller att vi
kan veta något om Gud (agnosticism). Men Bibeln lär också att
detta är oförnuftigt och dåraktigt:

> *Dårarna säger i sitt hjärta: "Det finns ingen Gud." (Ps. 14:1).*

Dessutom lär Bibeln att Gud uppenbarar sig i vårt samvete.
Samvetet visar oss vad som är gott och ont. Vi förstår genom
själva skapelsen att stöld, lögn och mord är något förskräckligt
och att det är en god sak att hedra sina föräldrar, vara trogen

mot sin make och älska sin nästa. Detta är inte något som vi lär oss först genom Bibeln. Alla människor har denna grundläggande uppenbarelse av lagen i naturen och i samvetet. Därför finns det också goda etiska föreskrifter i de flesta religioner även om deras gudsuppfattning är felaktig. Aposteln skriver:

För när hedningar som inte har lagen av naturen gör vad lagen befaller, då är de sin egen lag trots att de saknar lagen. De visar att det som lagen kräver är skrivet i deras hjärtan. Om detta vittnar också deras samveten och tankar som sinsemellan anklagar eller till och med försvarar dem (Rom. 2:14f).

Genom den naturliga lagen kan alla människor samverka i samhället och göra sitt bästa för att länder och folk skall fungera bra. Så kan både kristna och icke-kristna samverka i det borgerliga samhället i fråga om lagar, politik, kultur, vetenskap, medicin m.m. Genom den naturliga lagen förstår vi också värdet av att ha en god styrelse i landet, att genom polis och rättsväsen motverka kriminalitet och droger m.m. och genom militären skydda landet mot främmande makters övergrepp.

Andligt sett kan lagen inte föra oss till Gud. Det sker genom evangelium. Men även i kyrkan har lagen en viktig funktion. Lagen måste predikas för alla. Vi talar om lagens tre bruk:

1. Lagen behövs i samhället mot brottslingar och för att skapa goda ordningar för människors samlevnad.

2. Lagen behövs för att visa hjärtats synd och så driva oss till att söka förlåtelsen hos Kristus genom evangelium.

3. Lagen behövs också hos de troende kristna. De behöver vägledning för att veta vilka gärningar som är goda och befallda av Gud och de behöver också fortsatt tillrättavisning och tuktan på grund av att de har kvar den gamla människan. Men kraften till att göra goda gärningar kommer inte från lagen utan ifrån evangeliet. Genom tron på evangelium kommer människan att genom sin nya människa älska lagen och leva efter den.

Felaktiga uppfattningar om lagen

Redan i biblisk tid kom det in villolärare som krävde att de hednakristna måste omskära sig enligt Mose lag för att kunna bli frälsta. Man menade alltså att rättfärdiggörelsen skulle ske både genom lag och evangelium. Mot detta protesterade Paulus kraftigt. Dessa falska lärare i Galatien förstör hela det kristna budskapet. Paulus skriver:

Men även om vi själva eller en ängel från himlen skulle ge er ett annat evangelium än det vi har predikat, så ska han vara under förbannelse. Det vi redan har sagt säger jag nu igen: om någon ger er ett annat evangelium än det ni har tagit emot, så ska han vara under förbannelse (Gal. 1:8f).

Bibelns frälsningsväg är att vi endast för Kristi skull blir frälsta och saliga och att detta måste ske genom tron allena. Men dessa villolärare krävde att också en del av lagen (omskärelsen) måste vara ett villkor för frälsningen. Paulus visar att man i så fall måste hålla hela lagen och inte bara en del av den. Men det är omöjigt. Genom sin falska lära förnekade de Bibelns huvudlära om frälsningen. Varken Guds eller människors lag får blandas in i rättfärdiggörelsen. Vi blir frälsta enbart av nåd, som Paulus skriver:

Av nåden är ni frälsta genom tron, inte av er själva. Guds gåva är det, inte på grund av gärningar för att ingen ska berömma sig (Ef. 2:8f).

Samma slags villfarelse fann Luther i den romerska påvekyrkan, som han själv tillhörde. När han studerade Skriften noga fann han att hela frälsningsläran i den medeltida kyrkan blivit felaktig. Luther fick på nytt upp ögonen för den ursprungliga, bibliska läran om att en syndare blir frälst endast av nåd utan några gärningar. Inför Gud gäller endast vad Kristus har gjort för vår frälsning. Den påvliga kyrkan kunde dock inte acceptera denna lära och så blev det en definitiv brytning mellan den lutherska och den romersk-katolska kyrkan.

Roms felaktiga uppfattning av lagen och rättfärdiggörelsen finns också kvar i den romersk-katolska kyrkan idag. Inom den ekumeniska rörelsen menar man att det har skett ett närmande mellan de lutherska och romersk-katolska kyrkorna. Men Rom har inte ändrat sin lära och står snarare ännu längre bort från den bibliska läran idag än under reformationstiden. De som har närmat sig Rom är däremot de modernistiska teologerna. De blandar själva in kärleken och goda gärningar i rättfärdiggörelsen och har därför inte längre några avgörande invändningar mot Roms falska lära. Det skall här sägas att också den ortodoxa kyrkofamiljen precis som Rom lär falskt om nåden och rättfärdiggörelsen. De har visserligen avvisat påvedömet, vilket är bra. Men själva frälsningsläran är i princip densamma som inom den romerska kyrkan.

Ett annat allvarligt missbruk av lagen i vår tid är att också kristna människor ger efter för tidsandan. I våra västerländska samhällen har ogudaktiga och laglösa tankar mer och mer kommit att prägla det s.k. postmodernistiska samhället. Allvarliga angrepp riktas mot den traditionella familjen och den naturliga lagen. Man ser inte längre äktenskapet som den livslånga föreningen mellan en man och en kvinna. Det anses helt legitimt att leva tillsammans utan äktenskap eller att skilja sig både en och flera gånger.

Utövad homosexualitet har blivit allmänt accepterat och fler och fler länder inför s.k. samkönade äktenskap. Aborter som tidigare ansågs likvärdigt med mord betraktas nu mer och mer som en jämställdhetsfråga där kvinnan skall ha rätt att råda över sin egen kropp. Mot detta skall med skärpa sägas att ingen ifrågasätter kvinnans rätt att råda över den *egna* kroppen. Men det lilla fostret är ju *inte alls* kvinnans egen kropp, utan en självständig individ, skapad av Gud! Lika lite som vi har rätt att avliva barn som är födda har vi rätt att ta livet av ofödda foster. Bibeln säger: *Du skall icke dräpa!*

Det allvarliga är att även kyrkans röst i dessa frågor håller på att tystna. De flesta kristna samfund vågar eller vill inte längre gå emot den alltmer ateistiska och antikristna tidsandan. Det är visserligen viktigt att vi som kristna visar kärlek och omsorg mot människor som inte förstår vad den naturliga lagen innebär. De följer med vad som anses riktigt i tiden. Men en rätt biblisk kyrka måste ändå hålla fast vid Guds lag och varna för det som är orätt. Aposteln skriver:

Därför utlämnade Gud dem åt förnedrande lidelser. Deras kvinnor bytte ut det naturliga umgänget mot det som är onaturligt. På samma sätt lämnade männen det naturliga umgänget med kvinnan och upptändes av begär till varandra. Män gjorde skamliga saker med män och fick själva ta det rättvisa straffet för sin förvillelse (Rom. 1:26f).

Beträffande aborter är det märkligt hur man medicinskt gör allt för att försöka rädda för tidigt födda foster medan man å andra sidan utför mycket sena aborter. Människolivet är inte längre heligt. Moralen har blivit godtycklig. Men Bibeln ser varje barn som en Guds gåva som vi inte har rätt att säga nej till. Ingenting ger oss rätt att ta livet av oskyldiga barn i moderlivet. Bibeln säger:

Dina ögon såg mig när jag bara var ett foster. Alla mina dagar blev skrivna i din bok, formade innan någon av dem hade kommit (Ps. 139:16).

Beträffande äktenskapet förbjuder Bibeln allt sexuellt samliv före och utanför äktenskapet. Jesus citerar första Mosebok och säger:

Därför ska en man lämna sin far och mor och hålla sig till sin hustru, och de två ska bli ett kött. Så är de inte längre två utan ett kött. Vad Gud har fogat samman får alltså människan inte skilja åt (Matt. 19:5f).

Och Paulus skriver:

Vet ni inte att era kroppar är delar i Kristi kropp? Ska jag ta delar av Kristi kropp och göra dem till ett med en prostituerads kropp? Verkligen inte! Eller vet ni inte att den som förenar sig med en prostituerad blir en enda kropp med henne? Det heter: De två ska bli ett kött. Men den som är förenad med Herren är en ande med honom.

Fly sexuell omoral! All annan synd som en människa begår är utanför kroppen, men den sexuellt omoraliske syndar mot sin egen kropp. Eller vet ni inte att er kropp är ett tempel för den helige Ande som bor i er och som ni har fått av Gud? Ni tillhör inte er själva, ni är köpta till ett högt pris. Ära då Gud med er kropp! (1 Kor. 6:15-20).

Våra bekännelseskrifter lär:

De tio buden är skrivna i alla människors hjärtan.[9]

Vi håller före, att lagen är given av Gud först för att förhindra synden genom att hota och skräckslå med straff och genom att lova och tillförsäkra nåd och välgärningar. Men detta syfte har inte nåtts för den ondskas skull, som synden verkar i människan.[10]

Men lagens främsta tjänst och nytta är, att den uppenbarar arvsynden med dess frukter och visar människan, hur djupt hennes natur har fallit och hur bottenlöst den blivit fördärvad, i det att lagen måste säga henne, att hon inte har eller frågar efter Gud, utan tillbeder främmande gudar, vilket hon förut och utan lagen inte skulle ha trott.[11]

Men lagen anklagar oss alltid och visar alltid, att Gud vredgas. Därför kommer vi att älska Gud, först sedan vi med tron omfattat hans barmhärtighet. Först då blir Gud föremål för vår kärlek. Ehuru de till det borgerliga livet hörande gärningarna, d.v.s. lagens yttre verk, till någon del kan fullgöras utan Kristus och den helige Ande, så framgår likväl av vad vi förut sagt, att det, som i egentlig mening hör till Guds lag, d.v.s. hjärteinställningen till Gud, som föreskrivs i lagens första tavla, inte kan fullgöras utan den helige Ande. ... Fördenskull kan vi fullgöra lagen endast om vi genom tron mottagit den helige Ande.[12]

Vi kan förvisso inte heller älska den vredgade Guden, och lagen anklagar oss oupphörligen och visar oss alltid den vrede Guden. Därför är det nödvändigt, att vi först med tron omfattar löftet, att Fadern för Kristi skull är blidkad och förlåter. Därefter kan vi börja fullgöra lagen.[13]Lagen har av tre orsaker givits åt människorna, nämligen för det första för att bevara yttre ordning gent emot den råa och ouppfostrade hopen, för det andra för att föra människorna till kännedom om sin synd och för det tredje för att ge dem som blivit pånyttfödda, men vilka köttet likväl ännu vidlåder, en säker regel, efter vilken de skall ställa och rätta sitt liv.[14]

---

[9] SKB 452, Trigl 696.
[10] SKB 323, Trigl 476.
[11] SKB 324, Trigl 478.
[12] SKB 124, Trigl 156f.
[13] SKB 156, Trigl 204.
[14] SKB 516, Trigl 804.

5. Synden

Vi tror att synden kommit in i världen genom att Adam och Eva lyssnade till djävulens frestelse och så avföll från Gud. Sedan dess är alla människor födda i synd, skilda från gemenskapen med Gud och ställda under döden och Guds vredesdom. Denna arvsynd gör att vi begår alla andra synder.

Synden kom in i världen genom att djävulen, den fallne ängeln, kom till Eva i ormens gestalt. Därför kallas djävulen ofta för "den gamle ormen". Satan lockade Eva genom att ifrågasätta Guds ord.

Men ormen var listigare än alla markens djur som Herren Gud hade gjort. Han sade till kvinnan: "Har Gud verkligen sagt att ni inte får äta av något träd i lustgården?" Kvinnan svarade ormen: "Vi får äta av frukten från träden i lustgården, men om frukten på trädet mitt i lustgården har Gud sagt: Ät inte av den och rör inte vid den, för då kommer ni att dö." Då sade ormen till kvinnan: "Ni ska visst inte dö! Men Gud vet att den dag ni äter av den kommer era ögon att öppnas, och ni blir som Gud med kunskap om gott och ont." Och kvinnan såg att trädet var gott att äta av och en fröjd för ögat. Trädet var lockande eftersom det gav förstånd, och hon tog av frukten och åt. Hon gav också till sin man som var med henne, och han åt (1 Mos. 3:1-6).

Och den store draken, den gamle ormen, som kallas Djävul och Satan, han som bedrar hela världen, kastades ner på jorden och hans änglar kastades ner med honom (Uppb. 12:9).

Och han grep draken, den gamle ormen, det är Djävulen och Satan (Uppb. 20:2)

Som straff för synden kom döden in i världen. Människan förlorade kontakten med Gud och kom under Guds vrede och förbannelse. Till Eva sade han:

"Jag ska göra din möda stor när du blir havande. Med smärta ska du föda dina barn. Till din man ska din åtrå vara, och han ska råda över dig." (1 Mos. 3:16).

Till Adam sade Gud:

"Du lyssnade på din hustru och åt av trädet som jag befallde dig att inte äta av. Därför ska marken vara förbannad för din skull. Med möda

ska du livnära dig av den så länge du lever. Törne och tistel ska den bära åt dig, och du ska äta av markens örter. I ditt anletes svett ska du äta ditt bröd tills du vänder åter till jorden, för av den är du tagen. Jord är du, och jord ska du åter bli." (1 Mos. 3:17-19).

Synden och straffet kom inte bara över Adam och Eva utan också över alla kommande människor genom att synden ärvdes (arvsynden). Vägen till Gud är stängd. Ingen människa kan av egen kraft komma till Gud och få evigt liv. Gud fördrev människorna ur lustgården och satte sina änglar att bevaka livets träd:

Och Herren Gud skickade bort dem från Edens lustgård för att bruka jorden som de tagits från. Han drev ut människan, och öster om Edens lustgård satte han keruberna och det flammande svärdets lågor för att bevaka vägen till livets träd (1 Mos. 3:23f).

Aposteln Paulus förkunnar att syndafallets följder gäller alla människor. Alla föds med synd och syndar sedan på olika sätt i sina liv.

Därför är det så: Genom en enda människa kom synden in i världen, och genom synden döden. På så sätt nådde döden alla människor, eftersom alla hade syndat. Synd fanns i världen redan före lagen, men synd tillräknas inte där ingen lag finns. Ändå regerade döden från Adam till Mose, också över dem som inte hade syndat genom en sådan överträdelse som Adams (Rom. 5:12-14).

Kung David förkunnar detsamma. Vi har alla syndat mot Gud. Vi är alla födda med synd och skuld:

Mot dig, just mot dig, har jag syndat och gjort det som är ont i dina ögon. Därför har du rätt när du talar, du är ren när du dömer. Ja, med skuld är jag född och med synd blev jag till i min moders liv (Ps. 51:6f).

Att verkligen alla människor är syndare framhålls överallt i Bibeln. Ingen människa kan leva syndfri och uppfylla alla lagens bud. Paulus citerar Ps. 14 när han skriver:

Ingen rättfärdig finns, inte en enda. Ingen finns som förstår, ingen som söker Gud. Alla har avfallit, alla är fördärvade. Ingen finns som gör det goda, inte en enda (Rom. 3:10-12).

Av naturen var vi vredens barn, precis som de andra (Ef. 3:2).

Jesus själv undervisar på samma sätt om synden. Sådan som människan är av naturen kan hon inte komma in i Guds rike om hon inte blir född på nytt. Människan är av naturen ond innerst inne och måste därför bli omvänd för att komma i kontakt med Gud.

Den som inte blir född av vatten och Ande kan inte komma in i Guds rike. Det som är fött av köttet är kött, och det som är fött av Anden är ande. (Joh. 3:5f).

Huggormsyngel! Hur skulle ni som är onda kunna säga något gott? Vad hjärtat är fullt av, det talar munnen (Matt. 12:34)

Ett dåligt träd bär dålig frukt (Matt. 7:17).

För från hjärtat kommer onda tankar, mord, äktenskapsbrott, sexuell omoral, stöld, falskt vittnesbörd och hädelser (Matt. 15:19).

Jesus förkunnar också i den yttersta domen evig förtappelse över de människor som inte har blivit omvända och trott på honom:

Gå bort från mig, ni förbannade, till den eviga elden som är beredd åt djävulen och hans änglar (Matt. 25:41).

Aposteln Johannes skriver att synden finns med ända från syndafallet genom djävulen:

Den som gör synd är av djävulen, ty djävulen har syndat ända från begynnelsen (1 Joh. 3:8).

Arvsynden tar sig sedan uttryck i olika synder i livet (verksynd). Bibeln kallar dem för köttets gärningar. Det står:

Köttets gärningar är uppenbara: sexuell omoral, orenhet, orgier, avgudadyrkan, ockultism, fientlighet, gräl, avund, vredesutbrott, själviskhet, splittringar, irrläror, illvilja, fylleri, vilda fester och annat sådant. Jag säger er i förväg vad jag redan har sagt: de som lever så ska inte ärva Guds rike (Gal. 5:19ff).

Synden kan inte övervinnas genom egna goda gärningar eller egen kamp mot synden. Synden kan bara övervinnas genom att vi får syndernas förlåtelse av Kristus genom evangelium.

Felaktiga uppfattningar om synden

I fornkyrkan verkade villoläraren *Pelagius (360-435)* i Rom kring år 400. Han menade att människan hade en fri vilja även i andliga ting. Synden var alltså för honom inte så djup som Bibeln lär. Mot honom uppträdde kyrkofadern *Augustinus (353-430)*, som med kraft hävdade att människan inte har någon fri vilja att vända sig till Gud och bli omvänd. Enbart genom Guds nåd kan människan bli född på nytt.

Under medeltiden kom en något mildare form av pelagianismen att dominera kyrkan. Men den var ändå mycket farlig. Den kallas *semipelagianismen* och går ut på att människan får en förberedande nåd av Gud som gör att hon sedan med hjälp av sin egen vilja kan bli omvänd. Denna lära avvisades skarpt av Luther som visade att människan inte på något sätt kan medverka till sin omvändelse. Luther framhöll detta särskilt kraftigt i sin bok *"Om den trälbundna viljan"* mot humanisten *Erasmus (o.1466-1546)*.

Inom den reformerta kyrkan kom den s.k. *arminianismen* att i protest mot *Calvins (1509-1564)* stränga predestinationslära på nytt betona människans fria vilja att kunna omvända sig genom viljebeslut. Denna uppfattning har därefter blivit mycket vanlig inom alla reformert påverkade kyrkor och den finns tyvärr även inom lutherdomen.

Särskilt inom *metodismen* utvecklades denna lära och dess grundare *John Wesley (1703-1791)* menade att människan kunde uppnå en slags syndfrihet redan i detta livet.

Bland moderna teologer och inom den ekumeniska rörelsen är läran om synden mycket svag. Framför allt reagerar man mot den bibliska läran om arvsynden, Guds vrede och fördömelsen av de ogudaktiga. Eftersom man inte låter Bibelns ord vara avgörande domineras vår tids liberala kyrkor av inomvärldsliga tankar. Ofta uppfattas då synden enbart som dåliga handlingar och felaktiga "strukturer" i världen. Man anser att människan innerst inne är god. Vanligt är också att man omfattar *universalismen*, som innebär att alla människor kommer till himlen. Så är läran om den yttersta domen borttagen. Många menar också att Gud i traditionell mening är död.[15] Man talar numera om en s.k. *sekulariserings-teologi* som anses passa den moderna avkristnade människan bättre. Många tänker sig då också att livet helt enkelt utslocknar efter döden och att det alltså inte finns något evigt liv alls.

Bekännelsen

Vår lutherska bekännelse håller stadigt fast vid den bibliska läran och bekänner att arvsynden är ett djupt fördärv som skiljer oss från Gud.

Om arvsynden

Vidare lärs det hos oss, att efter Adams fall alla människor som föds naturligt avlas och föds med synd. Redan från moderlivet är de fulla med ond lust och begär och de saknar sann gudsfruktan. De kan inte ha någon sann tro på Gud av naturen. Denna medfödda sjukdom eller arvsynd är verkligen synd. Den medför Guds vrede och evig fördömelse, om de inte blir födda på nytt genom dopet och den helige Ande. Här förkastas pelagianer och andra som förnekar att arvsynden är synd och menar att man kan bli from genom naturliga krafter. Detta är att smäda Kristi lidande och förtjänst.[16]

Om syndens orsak.

Fastän Gud den allsmäktige har skapat hela naturen och uppehåller den så är orsaken till synden ändå den onda, förvända och syndiga viljan hos alla onda som föraktar Gud. Sådan är djävulens och alla gudlösas vilja. Så snart Gud tar bort sin hand vänder de sig från Gud till det onda, som Kristus säger: "När djävulen talar lögn talar han utifrån sig själv" (Joh. 8:44).[17]

---

[15] Så biskop John A.T. Robinson (†1983) som väckte sensation med boken "Gud är död" (Honest to God, 1963).

[16] Övers. fr. tyska texten av SR (SKB 57, Trigl 42).

[17] Övers. fr. tyska texten av SR (CA 19, SKB 63, Trigl 52).

6. Jesus Kristus

Vi tror att Gud sände sin Son, Jesus Kristus, till världen för att rädda människorna från syndens följder. Guds Son blev människa, levde ett fullkomligt liv i kärlek och dog på korset för hela världens synd. Han har uppfyllt lagen i vårt ställe, lidit straffet för alla våra synder och besegrat döden och djävulen. Han uppstod på tredje dagen från de döda och for upp till himmelen, där han nu regerar i härlighet på Faderns högra sida. På den yttersta dagen skall han komma tillbaka för att döma levande och döda.

En förutsättning för att Jesus Kristus skulle kunna utföra detta frälsningsverk är att han verkligen är sann Gud och sann människa. Som den evige Guds Son har han all makt i himmelen och på jorden. Därför kunde hans frälsning räcka till för hela världen. Därför kunde han fullkomligt uppfylla hela Guds lag och ta på sig hela mänsklighetens synd. Som sann människa kunde han gå in i vårt ställe eftersom han blivit en av oss. En människa måste uppfylla lagen, och den människan var Jesus Kristus. En människa måste också lida straffet för alla människors synd, och den människan var Jesus Kristus. Hans person är ett för vårt förnuft obegripligt under. Han har dessa två naturer, Gud och människa, fullkomligt förenade i en person. Men ändå är de två naturerna inte sammanblandade utan åtskilda. Men de är samtidigt så innerligt förenade att den mänskliga naturen verkligen är bärare av alla de gudomliga egenskaperna. Därför är Jesus även som människa allestädes närvarande. Och därför var det verkligen Gud som dog på korset för våra synder.

Vidare är det viktigt att förstå att människan Jesus är utan all synd. Han levde ett fullkomligt heligt liv och syndade aldrig. Allt han sade och lärde var gudomlig sanning. Som sann människa är han också närvarande med sin kropp och sitt blod i den heliga nattvardens bröd och vin. Jesus hade också som människa makten att göra under, bota sjuka och förlåta synder. Vi brukar beteckna Jesu verk som hans ställföreträdande tillfyllestgörelse (satisfactio vicaria). Det betyder att allt han gjorde och allt han led var ett verk som han utförde istället för oss. Så har Kristus förvärvat en fullkomlig frälsning åt hela människosläktet.

Viktigt är också att förstå att allt vad Bibeln lär om Jesus är historisk verklighet. Han kom in i världen i staden Betlehem när Augustus var romersk kejsare. Han växte upp i Nasaret och gick omkring flera år och predikade och botade sjuka. Han dog när Pontius Pilatus var landshövding. Evangelierna är historiska vittnesbörd om hans liv, död och uppståndelse. Jesus föddes verkligen av en kvinna som var jungfru, utan medverkan av någon man. Inte så att Maria var utan synd, vilket felaktigt lärs av romerska katoliker. Men den helige Ande kom över Maria så att barnet verkligen var Guds Son och sann människa.

Vidare led Kristus verkligen som en sann människa. Han hungrade, törstade och kände svår smärta. Han växte till i visdom och kunskap. Han kände medlidande och kärlek men också vrede mot synden. När han dog på korset var det ingen skendöd, utan en verklig död. Han låg så i graven fram till tredje dagens morgon. Då uppväcktes han av Fadern. Det innebar att hans fysiska kropp blev levande igen. Som den uppståndne Frälsaren är han fortfarande och för evigt en sann människa med kropp och själ. Han for upp till himmelen och sitter nu på Faderns högra sida. När han for upp såg lärjungarna hur han lyftes upp i höjden och hur en sky sedan tog honom bort. Att han sitter på Faderns högra sida innebär att han är överallt i sin gudomliga makt. Alla människor är omedelbart inför honom. Han är nära var och en. Som synlig människa skall han så komma tillbaka på den yttersta dagen för att döma hela världen.

Några viktiga bibelställen om Kristus och frälsningen:

De har fäderna, och från dem har Kristus kommit som människa, han som är över allting, Gud, välsignad i evighet. Amen (Rom. 9:5).

Det var en sådan överstepräst vi behövde, en som är helig, oskyldig, obefläckad, skild från syndare och upphöjd över himlarna. Han måste inte bära fram offer varje dag som de andra översteprästerna, först för sina egna synder och sedan för folkets. Det gjorde han en gång för alla när han offrade sig själv (Hebr. 7:26f).

Var så till sinnes som Kristus Jesus var: Han var till i Guds gestalt men räknade inte jämlikheten med Gud som segerbyte, utan utgav sig själv och tog en tjänares gestalt och blev människan lik. När han till det yttre hade blivit som en människa, ödmjukade han sig och blev lydig ända till döden – döden på korset (Fil. 2:5-8).

Detta kallas för Kristi utblottelse eller förnedring. Hit hör Jesu fattigdom, lidande och död.

Därför har Gud också upphöjt honom över allting och gett honom namnet över alla namn, för att i Jesu namn alla knän ska böjas, i himlen och på jorden och under jorden, och alla tungor bekänna att Jesus Kristus är Herren, Gud Fadern till ära (Fil. 2:9-11).

Detta kallas för Kristi upphöjelse. Hit hör Jesu nedstigande till helvetet, uppståndelsen, himmelsfärden, att han har satt sig på Faderns högra sida och skall komma tillbaka i härlighet.

Jesus är både Gud och människa och han kunde därför bli medlare mellan oss människor och Gud:

Gud är en, och en är medlare mellan Gud och människor: människan Kristus Jesus (1 Tim. 2:5).

Denna medling har han utfört så att han i sin kärlek utgav sig för oss genom att lida Guds straff i vårt ställe. Profeten Jesaja skriver:

Han var föraktad och övergiven av människor, en smärtornas man och förtrogen med lidande, lik en som man skyler ansiktet för, så föraktad att vi räknade honom för intet. Men det var våra sjukdomar han bar, våra smärtor tog han på sig, medan vi höll honom för att vara hemsökt, slagen av Gud och pinad. Han var genomborrad för våra överträdelsers skull, slagen för våra missgärningars skull. Straffet var lagt på honom för att vi skulle få frid, och genom hans sår är vi helade (Jes. 53:3-5).

Detta innebär att Gud genom Kristus har försonat hela världen med sig själv. Aposteln Johannes skriver:

Han är försoningen för våra synder, och inte bara för våra utan också för hela världens (1 Joh. 2:2).

Och Paulus skriver:

Ty Gud var i Kristus och försonade världen med sig själv. Han tillräknade inte människorna deras överträdelser, och han har anförtrott åt oss försoningens ord (2 Kor. 5:19). Beviset på att denna försoning är giltig är Kristi uppståndelse. Om Kristus inte hade uppstått vore det inte någon verklig försoning. Paulus skriver:

Om det nu predikas att Kristus har uppstått från de döda, hur kan då några bland er påstå att det inte finns någon uppståndelse från de döda? Om det inte finns någon uppståndelse från de döda, har inte heller Kristus uppstått. Men om Kristus inte har uppstått, då är vår predikan meningslös och er tro meningslös. Då står vi där som falska vittnen om Gud, eftersom vi har vittnat mot Gud, att han uppväckte Kristus, som han inte har uppväckt, om det verkligen är så att döda inte uppstår. Ty om de döda inte uppstår, har inte heller Kristus uppstått. Men om Kristus inte har uppstått, då är er tro meningslös och ni är ännu kvar i era synder. Då har också de som insomnat i Kristus gått förlorade. Om vi i detta livet sätter vårt hopp endast till Kristus, och han inte har uppstått, då är vi de mest beklagansvärda av alla människor. Men nu har Kristus uppstått från de döda som förstlingen av de insomnade. Ty eftersom döden kom genom en människa, så kom också de dödas uppståndelse genom en människa (1 Kor. 15:12-21).

En annan förutsättning för att Kristi ställföreträdande verk är giltigt ät att han fullkomligt har uppfyllt Guds lag i vårt ställe. Eftersom Kristus är sann Gud och lagens herre hade han inte behövt gå in under lagen. Men han gjorde detta för att varje människa säkert skulle veta att Jesus har uppfyllt lagen i hennes ställe. Kristi rättfärdiga handlande gäller därför varje människa. Paulus skriver:

Men när tiden var fullbordad sände Gud sin Son, född av kvinna och ställd under lagen, för att han skulle friköpa dem som stod under lagen, så att vi skulle få söners rätt (Gal. 4:4f).

Genom Kristi död på korset har han skapat frid mellan Gud och människorna. Korsfästelsen innebar en förbannelse från Gud. Paulus citerar 5 Mos. 21:23 när han skriver:

Kristus friköpte oss från lagens förbannelse, när han blev en förbannelse i vårt ställe. Det står skrivet: Förbannad är var och en som är upphängd på trä (Gal. 3:13).

Läs själv följande om Jesus, hans liv och verk.

Avlad av den helige Ande: Matt. 1:18, Luk. 1:26-38, 2:21

Jesu födelse: Matt. 1:18-25, Luk. 2:1-20

De vise männen och Herodes förföljelse: Matt. 2:1-18

Jesu omskärelse: Luk. 2:21

Jesu frambärande i templet: Luk. 2:22-39

Jesu dop: Matt. 3:13-17,

Jesus vid tolv års ålder i templet: Luk. 2:41-52

Jesus frestas av djävulen: Matt. 4:1-11, Luk. 4:1-13

Jesu underverk: Matt. kap. 8-9, 14:13-36, 15:21-39 17:14-20, 20:29-34, Mark. 5:21-42, Luk. 7:11-17, Joh. 2:1-12, Joh. 11:1-44.

Jesus förlåter synder: Matt. 9:6, Mark. 2:10, Luk. 5:17-26, Joh. 20:19-23

Jesu förklaring: Matt. 17:1-8

Jesu lidande och död och begravning: Matt. 27, Mark. 15, Luk. 23, Joh. 19.

Jesu nedstigande till helvetet: 1 Petr. 3:18-20

Jesu uppståndelse: Matt. 28, Mark. 16, Luk. 24, Joh. 20-21.

Jesu himmelsfärd: Mark. 16:19, Apg. 6:6-11.

Jesus sitter på Faderns högra sida: Ps. 110:1, Matt. 26:64, Apg. 2:34, Apg. 7:55f, Rom. 8:34, Ef. 1:20, Kol. 3:1, Hebr. 1:3, 13, 8:1, 10:12, 12:2, 1 Petr. 3:22.

Jesu återkomst: Matt. 24:29-51, 25:31-46.

Felaktiga uppfattningar om Kristus

I fornkyrkan hotades tron på Kristus av många falska lärare som förnekade att Kristus var sann Gud och sann människa. Det var då framför allt gnosticismen och arianismen som med sina villoläror förvillade många. Men kyrkofäder som Irenaeus, Athanasius och Augustinus försvarade den rätta tron. De tre

fornkyrkliga bekännelserna[18] och de ekumeniska kyrko-
mötena[19] avvisade villfarelserna och bekände den bibliska
läran om Kristus rent och klart.

Under medeltiden höll man fast vid den bibliska läran om
Kristus, men i läran om frälsningen och rättfärdiggörelsen
insmög sig tyvärr falska läror. Genom reformationen kom åter
den bibliska läran om frälsningen att läras rent och klart av
Martin Luther och hans trogna efterföljare. De undervisade
klarare om Kristi person än både den romerska och den
reformerta kyrkan. Luther visade tydligt att Kristus även som
människa är bärare av alla de gudomliga egenskaperna.

På 1700-talet utsattes kyrkan för allvarliga angrepp från den
s.k. *neologin*, som utgick från att förnuftet skulle sättas över Guds
ord. Man accepterade inte längre de bibliska undren och
därmed inte heller läran om Kristus som sann Gud, jungfru-
födseln, Kristi död och uppståndelse, försoningen och Kristi
återkomst. Kvar blev endast en urvattnad lära om Gud,
dygden och odödligheten.

Neologin kom in i universitetsteologin under 1800-talet och
dess fortsättning är den modernistiska teologin och bibel-
kritiken som breder ut sig inom den ekumeniska världsrörelsen.

Kyrkans bekännelse

Som en sammanfattning av den kristna läran om Gud och
frälsningen återges här den nicenska trosbekännelsen:

Jag tror på en enda Gud, allsmäktig Fader, skapare av himmel och
jord, av allt vad synligt och osynligt är;

och på en enda Herre, Jesus Kristus, Guds enfödde Son, född av
Fadern före all tid, Gud av Gud, ljus av ljus, sann Gud av sann Gud,
född och icke skapad, av samma väsen som Fadern, på honom genom
vilken allting är skapat; som för oss människor och för vår salighets skull

---

[18] Den apostoliska, den nicenska och den athanasianska trosbekännelsen.
[19] Framför allt koncilierna i Nicaea år 325, Konstantinopel 381, Efesus 431
och Chalcedon 451.

har stigit ned från himmelen och tagit mandom genom den Helige Ande av jungfru Maria och blivit människa;

som ock har blivit för oss korsfäst under Pontius Pilatus, lidit och blivit begraven; som på tredje dagen har uppstått, efter skrifterna, och stigit upp till himmelen och sitter på Faderns högra sida; därifrån igenkommande i härlighet till att döma levande och döda, på vilkens rike icke skall varda någon ände;

och på den Helige Ande, Herren och livgivaren, som utgår av Fadern och Sonen, på honom som tillika med Fadern och Sonen tillbedes och äras och som har talat genom profeterna;

och på en enda, helig, allmännelig och apostolisk kyrka. Jag bekänner ett enda dop, till syndernas förlåtelse, och förväntar de dödas uppståndelse och den tillkommande världens liv. Amen.[20]

Vår lutherska bekännelse lär:

Om Guds Son. Vidare lärs det att Guds Son har blivit människa. Han är född av den rena jungfrun Maria. De två naturerna, den gudomliga och den mänskliga, är oupplösligt förenade i en person så att de utgör en enda Kristus. Han är sann Gud och sann människa. Han är verkligen född, och han har lidit och blivit korsfäst. Han har dött och blivit begravd så att han skulle bli ett offer, inte bara för arvsynden utan även för alla andra synder. Så har han försonat Guds vrede.

Samme Kristus har också stigit ner till helvetet och han är sannerligen uppstånden från de döda på tredje dagen. Han har farit upp till himmelen och sitter nu på Guds högra sida. Där härskar han och regerar i evighet över allt skapat. Alla som tror på honom helgar han genom den helige Ande. Han renar, stärker och tröstar dem. Han ger dem liv, gåvor och alla ägodelar och han skyddar och bevarar dem mot djävulen och synden. Till sist skall samme herre Kristus komma tillbaka och visa sig för alla för att döma levande och döda, o.s.v. såsom den apostoliska trosbekännelsen lär.[21]

---

[20] SKB 47, Trigl 30.
[21] CA 3, övers. SR, SKB 57, Trigl 42.

7. Rättfärdiggörelsen

Vi tror att Kristus genom sitt liv och sitt försoningsoffer på korset och genom sin fullkomliga uppfyllelse av lagen har förvärvat syndernas förlåtelse och rättfärdighet åt alla människor utan undantag. Kristi död på korset innebar en försoning av hela världen och hans uppståndelse var en proklamation av hela världens rättfärdiggörelse. Paulus skriver:

Rättfärdighet kommer att tillräknas oss som tror på honom som från de döda uppväckte Jesus, vår Herre, han som utlämnades för våra synders skull och uppväcktes för vår rättfärdiggörelses skull (Rom. 4:24f).

Men denna färdiga gåva måste tas emot. Syndernas förlåtelse erbjuds oss i evangeliet och vi tar emot den endast genom tron. Var och en som förtröstar på Kristus som sin Frälsare blir personligen rättfärdiggjord, d.v.s. förklarad rättfärdig inför Gud. Men den som inte tror blir kvar i sina synder och står under Guds vrede. Själva rättfärdiggörelsen i sig är Guds frikännande dom. Den domen uttalar Gud i evangeliet som möter oss i nådemedlen.

Som vi sett i inledningen är evangelium och syndernas förlåtelse en fri gåva. Gud rättfärdiggör syndaren enbart på grund av vad Jesus har gjort. Därför blir vi rättfärdiggjorda av Guds nåd genom tron allena. Paulus skriver ju, som vi sett:

Ty av nåden är ni frälsta genom tron, inte av er själva, Guds gåva är det, inte på grund av gärningar, för att ingen skall berömma sig (Ef. 2:8f).

Denna gåva finns där färdig och fullkomlig i kraft av Kristi död och uppståndelse. Därför skriver Paulus:

Alltså: liksom en endas fall ledde till fördömelse för alla människor, så har en endas rättfärdighet för alla människor lett till en frikännande dom som leder till liv. Liksom de många stod som syndare på grund av en enda människas olydnad, så skulle också de många stå som rättfärdiga på grund av den endes lydnad (Rom. 5:18f).

Adams fall innebar att hela världen kom under synden. Men Kristi verk innebar att hela världen blev frikänd. Dock är det inte så att detta sker automatiskt. Liksom Adams synd kommer till oss genom den naturliga födelsen kommer Kristi

rättfärdighet till oss genom den nya, andliga födelsen. En
människa som ännu inte är född på nytt är fortfarande kvar
under Guds vrede på grund av sin otro. Först när människan
blir omvänd och kommer till tro blir hon rättfärdiggjord inför
Gud.

Luther skriver om detta ställe (Rom. 5:12-21):

*Paulus ställer träffande Kristus och Adam mot varandra. Han vill
sålunda säga: fördenskull måste Kristus komma, en andre Adam, vilken
gav sin rättfärdighet i arv ås oss genom en ny andlig födelse i tron, liksom
den förste Adam givit oss synden i arv genom den köttsliga födelsen.[22]*

På ett annat ställe skriver Paulus:

*Allt kommer från Gud, som har försonat oss med sig själv genom
Kristus och gett oss försoningens tjänst. Ty Gud var i Kristus och försonade
världen med sig själv. Han tillräknade inte människorna deras över-
trädelser, och han har anförtrott åt oss försoningens ord. Vi är alltså
sändebud för Kristus. Det är Gud som förmanar genom oss. Vi ber å Kristi
vägnar: låt försona er med Gud. Den som inte visste av synd, honom har
Gud i vårt ställe gjort till synd, för att vi i honom skulle stå rättfärdiga
inför Gud (2 Kor. 5:18-21).*

Här ser vi för det första att hela försoningsverket är
fullbordat av Kristus. Överträdelserna tillräknas inte männi-
skorna, vilket är detsamma som att säga att alla människor är
frikända från syndens skuld och istället tillräknade Kristi
rättfärdighet. Synden är förlåten, ja alla våra synder är, såsom
profeten Mika uttrycker det, "kastade i havets djup":

*Han skall åter förbarma sig över oss och trampa på våra missgär-
ningar. Du skall kasta alla deras synder i havets djup. (Mika 7:19).*

När Kristus uppstod på påskmorgonen förklarade Gud med
denna gärning att Kristus nu är fri från alla våra synder, som
lagts på honom när han försonade världen. Gud förklarar
Kristus i uppståndelsen för fullkomligt rättfärdig. Detta är vår
s.k. objektiva rättfärdiggörelse inför Gud.

---

[22] Ur Luthers företal till Romarbrevet, 1522.

55

Luther förklarar skillnaden mellan långfredagens försoningsverk och påskdagens rättfärdiggörelse på följande sätt i en predikan. Förhållandet mellan försoning och rättfärdiggörelse, mellan långfredag och påskdag beskrivs sålunda:

"Då kastar du din synd på Kristus, då du fast tror, att hans sår och lidande är dina synder, att han bär dem och betalar för dem". Härtill citeras Jesaja 53 om Herrens lidande tjänare. Den ställföreträdande till- fyllestgörelsen, satisfactio vicaria, är alltså begränsad till händelserna före uppståndelsen. Luther fortsätter dock: "för på Kristus får de (synderna) inte förbli; de uppslukas av hans uppståndelse, och nu ser du inga sår, inga lidanden på honom, inga antydningar om synder. Sålunda talar S:t Paulus, att Kristus utgivits för våra synders skull och uppväckts för vår rättfärdiggörelses skull. Det betyder, att han i sitt lidande uppenbarar vår synd och dödar den, men genom sin uppståndelse gör han oss rättfärdiga och fria från alla synder, om vi bara tror det".[23]

Skriften lär alltså tydligt, att det finns ett objektivt försoningsverk och en objektiv rättfärdiggörelse som gäller hela världen och som finns där färdig redan innan vi tror. Detta är detsamma som när vi lär att Guds nåd gäller alla människor utan undantag (gratia universalis). Ingen enda människa är undantagen när det gäller Kristi verk. Om inte detta verk vore fullbordat och allomfattande skulle vi inte kunna tro att vi får förlåtelsen enbart för Kristi skull. Om det vore så att tron lägger någonting ytterligare till försoningen skulle tron vara en gärning. Men Bibeln beskriver frälsningen som en fullkomlig gåva som Gud skänker oss. Den gåvan är en färdig och fullbordad försoning och en frikännande dom, som redan är uttalad över världen i Kristi uppståndelse. I nådemedlen upprepar så Gud denna frikännande dom över den enskilda, troende människan som flyr till Guds nådetron.

Det måste med skärpa slås fast att ingen människa blir personligen rättfärdiggjord annat än genom tron allena. Detta

---

[23] Ur en påskpredikan av Luther från år 1519, kommenterad av Tom G. A. Hardt (1934-1998) i skriften "Rättfärdiggörelse och påsk" (1986).

är rättfärdiggörelsens stora hemlighet. Gud kommer till oss med nådens medel genom predikan, dopet, nattvarden och avlösningen i bikten. Där förkunnas evangelium och där skänker Gud tron som en fri gåva. Den människa som genom Guds nåd tror på Kristus blir rättfärdiggjord, frikänd i Guds domstol. Detta är en ny handling av Gud, som sker i samma stund som människan flyr till Kristus och kommer till tro.

Vi kan ta bilden av en rik man som ger en stor gåva till en fattig tiggare. Den rike mannen är Gud som i evangelium räcker fram syndernas förlåtelse och säger: Var så god! Här får du syndernas förlåtelse och evigt liv gratis! Tiggaren är syndaren som är förkrossad över sina synder genom lagen och som inte kan hjälpa sig själv. Gud själv söker upp syndaren och räcker fram sin underbara gåva. Tron innebär att syndaren tar emot gåvan med glädje och tacksamhet. Men det är inte på grund av mottagandet han får gåvan. Det beror enbart på givarens godhet. Dessutom är det Gud själv som hos syndaren verkar tron. Här haltar alla liknelser. Men Bibeln lär klart och tydligt att vi själva av egen kraft inte kan komma till Gud. Vi kan inte avgöra oss för Gud, Vi kan av oss själva bara säga nej till gåvan. Men Gud skänker sin helige Ande och trons gåva i våra hjärtan så att vi med glädje tar emot syndernas förlåtelse. Detta är rättfärdiggörelsens stora hemlighet.

För att rätt förstå rättfärdiggörelsen måste vi också förstå lag och evangelium rätt. Utan lagens förberedande verk är människan fortfarande säker i sina synder. Om hon då i sin falska säkerhet menar sig ha fått syndernas förlåtelse på grund av av Kristi försoningsverk bedrar hon sig själv. Hon syndar då på nåden. Lagen måste först utföra sitt verk i människans hjärta så att hon förstår att hon är en förtappade syndare som måste gå förlorad om Gud skulle döma henne efter sin stränga rättvisa.

Men om inte evangelium sedan kommer till, kan lagen bara få oss att förbli säkra syndare eller hamna i förtvivlan. När evangelium förkunnas rent och klart för en av lagen förkrossad syndare kan däremot Guds under ske. Då tänder Gud tron i människans hjärta så att hon vänder sig från lagen till evangelium. Hon flyr till Kristus med sin synd och ber honom om förlåtelse. Då tillsäger Kristus henne syndernas förlåtelse genom ordet och sakramenten. Paulus undervisar om detta:

Mose skriver ju om den rättfärdighet som kommer av lagen: Den människa som håller lagen skall leva genom den. Men den rättfärdighet som kommer av tron säger: Fråga inte i ditt hjärta: Vem skall fara upp till himlen? - det vill säga för att hämta ner Kristus - eller: Vem skall fara ner i avgrunden? - det vill säga för att hämta upp Kristus från de döda. Vad säger den då? Ordet är dig nära, i din mun och i ditt hjärta, nämligen trons ord som vi predikar. (Rom. 10:5-8).

Detta ställe visar tydligt att lagen inte kan rättfärdiggöra. Vi kan inte med egna gärningar "hämta Kristus", varken från höjden eller från djupet. Han kommer istället till oss med evangelium genom ordet. Därför fortsätter Paulus lite längre fram:

Alltså kommer tron av predikan och predikan i kraft av Kristi ord (Rom. 5:17).

Felaktiga uppfattningar om rättfärdiggörelsen

Redan den apostoliska kyrkan hotades allvarligt av de s.k. judaisterna, som krävde att de kristna skulle hålla Mose lag, helt eller delvis som ett villkor för rättfärdiggörelsen. Judaisterna i Galatien krävde omskärelse och Paulus motståndare i Kolosse krävde att man skulle hålla föreskrifter om mat och dryck. Paulus skriver mot de falska lärarna i Galatien:

Men eftersom vi vet att människan inte förklaras rättfärdig genom laggärningar utan genom tro på Jesus Kristus, så har också vi satt vår tro till Kristus Jesus, för att vi skall stå som rättfärdiga genom tro på Kristus och inte genom laggärningar. Ty genom laggärningar blir ingen människa rättfärdig (Gal. 2:16).

När de krävde att de hednakristna måste omskäras var detta en förnekelse av läran om rättfärdiggörelsen och de falska lärarna måste förbannas (exkommuniceras):

Men om det än vore vi själva eller en ängel från himlen som predikade evangelium för er i strid med vad vi har predikat, så skall han vara under förbannelse (Gal. 1:18).

Om de falska lärarna i Kolosse skriver Paulus:

Se till att ingen rövar bort er med sin tomma och bedrägliga filosofi, byggd på mänskliga traditioner och stadgar och inte på Kristus... Låt därför ingen döma er för vad ni äter och dricker eller i fråga om högtid eller nymånad eller sabbat. Allt detta är bara en skugga av det som skulle komma, men verkligheten själv är Kristus. Låt er inte fråndömas segerkransen av någon som ger sig hän åt "ödmjukhet" och går upp i syner av änglarnas tillbedjan och som utan orsak är uppblåst i sitt köttsliga sinne (Kol. 2:8, 16ff).

Dessa falska lärare krävde att de kristna skulle äta viss mat och fira vissa högtider, nymånader och sabbater. Sådant krävdes i Mose lag. Men när Kristus har kommit är detta avskaffat. Att då kräva vissa laggärningar som nödvändiga är att förneka läran om rättfärdiggörelsen. Då får man inte "segerkransen", d.v.s. den himmelska saligheten. Så allvarligt är det när man blandar in lagen som ett villkor för rättfärdiggörelsen.

Redan under tidig medeltid kom fler och fler laggärningar att anses som nödvändiga för de kristna. Så blev senmedeltiden en tid då det allmänt lärdes att mänskliga botgöringar var nödvändiga för saligheten. Denna falska botlära angreps av Luther i de 95 teserna år 1917. Därefter lärde Luther med alltmer ökad klarhet hur rättfärdiggörelsen genom tron allena är Bibelns huvudlära och nödvändig för frälsningen.

Inte bara katolikerna utan också de reformerta med Calvin i spetsen kom att avvika från Bibelns rena och klara lära om rättfärdiggörelsen. Calvin lärde visserligen att rättfärdig-görelsen skedde genom tron allena, men hans förnekelse av den allmänna nåden förstörde sedan detta. Han menade att Guds nåd inte gäller alla människor och att människan inte kan stå emot nåden. Nådemedlen förkastades och istället menade Calvin att Gud verkar direkt i människans hjärta utan medel. Detta är svärmiskt. En människa kan enligt denna falska lära aldrig bli viss om sin frälsning. Hon kan inte veta om Gud vill att hon skall bli salig eftersom nåden inte gäller alla människor. Calvins lära är därför en fruktansvärt allvarlig förnekelse.

Inom den lutherska kyrkan bevarades läran om rättfärdiggörelsen ren och klar under ortodoxins tid. Men när sedan pietismen kom i början av 1700-talet förvanskades läran på nytt. Det skedde på två sätt. De s.k. *botpietisterna* blandade på nytt in lagen som ett villkor för rättfärdiggörelsen. De lärde att s.k. uppväckta syndare måste bedja och kämpa mot synden för att kunna bli omvända. Men en syndare som fortfarande är under lagen är oomvänd och kan varken bedja eller kämpa. De borde istället ha lärt att en syndare som är bekymrad och står under lagen skall vända sig till det rena, ovillkorliga evangeliet för att bli frälst.[24]

Den andra felaktiga uppfattningen fanns hos de s.k. *trospietisterna*. Deras lagpredikan var svag och de menade att det var rätt att predika evangelium också för säkra syndare. Evangelium sågs enbart som en upplysning om att hela världen redan var rättfärdiggjord och dessutom framställdes evangelium på ett känslomässigt osunt sätt. Man tog det inte längre så noga med den rena bibliska läran utan menade att livet var det viktigaste.[25]

Under upplysningstiden kom sedan generalangreppet mot rättfärdiggörelsen. Man förkastade de bibliska lärorna om Kristus och såg omvändelsen enbart som en viljeavgörelse, helt inom lagens område. Denna riktning påverkade sedan 1800-talets universitetsteologi. Där fanns den radikala, bibelkritiska

---

[24] Företrädare för denna riktning var t.ex. August H. Francke (1663-1727), Johann J. Lange (1670-1744) och Johann Ph. Fresenius (1705-1761).

[25] Ledare för denna riktning, herrnhutismen (brödraförsamlingen), var greve Nikolaus von Zinzendorff (1700-1760).

teologin men även mer konservativa teologer leddes vilse av att de satte *upplevelsen* av frälsningen framför Guds ords lära.[26]

I vår tid har den bibelkritiska modernistiska teologin helt blivit fångad av inomvärldsliga tankar. När man inte längre ser Kristus som Guds evige Son och Bibeln som Guds inspirerade och ofelbara ord kommer alla de gamla förnekelserna tillbaka inom kyrkan med full kraft. Moderna teologer lägger in nya, främmande tankar i de gamla trosbegreppen. Därför måste man tyvärr säga att Bibelns rena och klara lära om rättfärdiggörelsen i det stora hela har övergivits. Människans förnuft och egen kraft står i centrum. Borta är läran om människans totala syndafördärv och läran att endast Kristi försoning har öppnat himmelen för var och en som tror.

Mellan konfessionella lutherska teologer har det i vår tid rått motsättningar i frågan om den s.k. objektiva eller allmänna rättfärdiggörelsen. Två diken skall här undvikas.

Det ena diket är att man förnekar att Kristi uppståndelse innebär en allmän och färdig rättfärdiggörelse eller förlåtelse av hela världens synd. Dess företrädare menar i regel att försoningen är fullbordad men att rättfärdiggörelsen inte kan ske förrän människan kommer till tro. Den icke troende människan är enligt denna uppfattning försonad men inte objektivt rättfärdiggjord.

Mot denna uppfattning skall sägas att man lätt missförstår vad den objektiva rättfärdiggörelsen innebär. Den säger att Guds nåd gäller hela världen utan undantag. I Kristi försoningsverk uppfyllde han hela lagen i vårt ställe och bar hela världens synd. Gud straffade Kristus i vårt ställe. I uppståndelsen förklarade Gud att Kristus är fullkomligt rättfärdig. Ingen synd vilar längre på honom och detta är en ställföreträdande rättfärdighet som gäller alla människor. Men den objektiva försoningen och den objektiva rättfärdiggörelsen säger inte att människan personligen tar emot denna gåva

---

[26] Den konservativt lutherske teolog som stod i spetsen för upplevelseteologin var erlangenteologen Johann Chr. von Hoffmann (1810-1877). Han utgick från det fromma jaget när han skulle bygga upp sin teologi.

förrän hon kommer till tro. Så länge människan är i otro befinner hon sig under lagen och Guds vrede. När hon däremot i tro flyr till Guds nådetron tar hon emot den färdiga gåvan som Kristus har förvärvat för hela världen.

Det andra diket är att några som bekänner sig till läran om världens rättfärdiggörelse menar att denna kommer direkt till människan utan att den personliga rättfärdiggörelsen sker i en ny frikännande dom genom nådemedlen. De lär att det bara finns ett domslut som alla kan hänvisa till. Detta var Samuel Hubers[27] felaktiga uppfattning som brukar kallas *hyperevangelism*. Även Zinzendorff och herrnhutismen hade en liknande syn. Mot denna uppfattning måste sägas att både Guds vredesdom och Guds frikännande dom har två sidor. Den objektiva sidan säger att *Guds vrede* gäller hela världen på grund av syndafallet. Den säger också att *Guds nåd* och förlåtelse gäller hela världen på grund av Kristi verk. Men denna objektiva sida överför inte direkt synden och nåden till människan. Först när en människa avlas och föds blir hon personligen (den subjektiva sidan) delaktig av arvsynden och kommer under Guds vrede. Och först när en människa blir född på nytt genom nådemedlen och tron blir hon rättfärdiggjord och får del av Guds förlåtelse.

Allt detta är svårt för vårt förnuft att fatta. Men Bibeln gör det enkelt. Guds vrede gäller alla, men kommer till oss först när vi föds in i denna världen. Guds nåd gäller alla, men kommer till oss först när vi föds på nytt genom tron. Om inte nåden, försoningen och den färdiga syndaförlåtelsen fanns innan tron, hade vi ingenting utanför oss själva att fly till och förtrösta på. Men nu är Kristi verk en gång för alla färdigt för hela världen och därför säger vi att vi blir rättfärdiggjorda *för Kristi skull*. När den syndiga människan flyr till Kristus skänker han denna färdiga förlåtelse och rättfärdighet som en fri gåva till människan, som tar emot den genom tron.

---

[27]Samuel Huber (o.1547-1624) var en f.d. reformert teolog som gick över till den lutherska kyrkan. Men han kom i konflikt med de ortodoxa teologerna p.g.a. sin extrema syn på världens rättfärdiggörelse och utkorelsen.

Det skall tilläggas att de bibelställen som handlar om rättfärdiggörelsen genom tron alltid har en objektiv sida, och att de ställen som talar om hela världens försoning och rättfärdiggörelse alltid har en subjektiv sida. När det t.ex. står att Kristus är *försoningen för hela världens synd* (1 Joh. 2:2) och att *Gud var i Kristus och försonade världen med sig själv* (2 Kor. 5:19) fortsätter aposteln med att säga: *Låt försona er med Gud!* (v. 20). Och när Paulus skriver: *Liksom en endas fall ledde till fördömelse för alla människor, så har en endas rättfärdighet lett till ett frikännande, till liv för alla människor* (Rom. 5:18) har han strax innan sagt: *Hur mycket mer ska då inte de som tar emot den överflödande nåden och rättfärdighetens gåva få regera i liv genom den ende, Jesus Kristus?* (v. 17).

Och när Paulus framhåller att människan *blir rättfärdiggjord genom tron allena utan laggärningar* (Rom. 3:28, Luthers översättning) har han strax innan sagt att *de förklaras rättfärdiga som en gåva, av hans nåd, därför att de är friköpta av Kristus Jesus (Rom. 3:24).* Men friköpandet och nådastolen som här nämns syftar ju på det objektiva verket som Kristus utförde när han offrade sig själv och sedan uppstod. Och när Paulus skriver: *För om vi som Guds fiender blev försonade med honom genom hans Sons död, hur mycket mer ska vi då inte som försonade bli frälsta genom hans liv? (Rom. 5:10),* visar ju detta tydligt att vi blev försonade redan medan vi var Guds fiender. Sedan skall vi *desto mer* blir frälsta genom Kristi liv, vilket sker när vi tar emot honom genom dopet och tron.

Man har pekat på att Luther och ortodoxin i regel bara har använt ordet rättfärdiggörelse om trons mottagande. Detta är riktigt, men det är ändå lätt att hitta många citat av Luther där han talar om att nåden och det eviga livet och även rättfärdigheten och syndaförlåtelsen gäller alla människor. Det är ovärdigt att i denna viktiga lära strida om ord och begrepp även om de är nog så viktiga. Ett föredöme är vår lutherska bekännelse som t.ex. noga förklarar i vilken mening Apologin använder en del ovanliga uttryckssätt för rättfärdiggörelsen.[28]

---

[28] För en närmare framställning av denna lärofråga hänvisas till *Pieper-Muellers dogmatik* och till Tom Hardts artikel *Rättfärdiggörelse och påsk.*

Vår lutherska bekännelse

Vi har redan citerat den viktiga artikel 4 i Augsburgska bekännelsen. I artikel 20 står det sedan bl.a.:

Läran om tron är ju kristendomens huvudstycke. Men man måste erkänna att man under lång tid inte har drivit denna lära utan bara predikat gärningslära överallt. Därför undervisar man nu bland de våra på följande sätt: För det första lärs att våra gärningar inte kan försona Gud och förvärva nåd. Detta sker endast genom tron när man tror att vi får syndernas förlåtelse för Kristi skull. Han är den ende medlaren som har försonat Fadern (1 Tim. 2:5f.: Gud är en, och en är medlare mellan Gud och människor: människan Kristus Jesus, som gav sig själv till lösen för alla). Den som menar sig kunna utföra sådant genom gärningar föraktar Kristus och söker sig en egen väg till Gud, i strid mot evangeliet. Kristus säger ju om sig själv: "Jag är vägen, sanningen och livet" (Joh. 14:6). Läran om tron behandlas öppet och klart hos Paulus på många ställen, särskilt i Ef. 2:8f, där det står: "Av nåden är ni frälsta genom tron, inte av er själva. Guds gåva är det, inte på grund av gärningar för att ingen ska berömma sig "[29]

I Konkordieformeln står det:

Vi tror, lär och bekänner, att enligt den heliga Skrifts språkbruk ordet "rättfärdiggöra" betyder "avlösa", d.v.s. "frikänna från synd". *Den som friar och rättfärdiggör den skyldige och dömer den oskyldige skyldig, han är en styggelse för Herren (Ords. 17:15).* Vidare: *Vem vill anklaga Guds utvalda? Gud är den som rättfärdiggör (Rom. 8:33).* Och om i stället för "rättfärdiggöra" orden *regeneratio* och *vivificatio*, d.v.s. "pånyttfödelse" och "levandegörelse" används, såsom sker i Apologin, så är de att fatta i den angivna betydelsen. Annars förstås därmed människans förnyelse, som rätteligen skall skiljas från rättfärdiggörelsen genom tron.[30]

---

[29] Övers. SR, SKB 64, Trigl 52f.
[30] FC Ep. art 3, SKB 509:5, Trigl 792:5.

8. Helgelsen

Vi tror att Gud den helige Ande tar sin boning i varje troende människas hjärta för att göra henne alltmer helig och lik Kristus. Den sanna tron på Kristus bär därför frukt i form av kärlek, bön och goda gärningar. Visserligen räknas inte de goda gärningarna som någon förtjänst inför Gud, när det gäller att få syndernas förlåtelse och det eviga livet, ty då gäller endast Kristi förtjänst. Men de goda gärningarna följer av tron och visar att tron verkligen är rätt och levande.

Även hos de kristna finns dock synden alltid kvar, fastän den är förlåten. Hela livet pågår en kamp mellan köttet och anden, den gamla och den nya människan, tills slutligen allt det onda blir övervunnet i och med döden och uppståndelsen. Jesus säger:

Jag är vinstocken, ni är grenarna. Om någon förblir i mig och jag i honom, så bär han rik frukt. Utan mig kan ni ingenting göra. (Joh. 15:5)

Om ni älskar mig håller ni fast vid mina bud (Joh. 14:15).

Och apostlarna skriver:

Alltså, om någon är i Kristus är han en ny skapelse. Det gamla är förbi, se, det nya har kommit (2 Kor. 5:17).

När vi nu har dessa löften, mina älskade, så låt oss rena oss från allt som befläckar kött och ande och fullborda vår helgelse i vördnad för Gud (2 Kor. 7:1).

Vad skall vi nu säga? Skall vi fortsätta att synda för att nåden skall bli större? Nej, visst inte! Vi som har dött bort från synden, hur skulle vi kunna fortsätta att leva i den? ...Synden skall därför inte härska i er dödliga kropp, så att ni lyder dess begär. Ställ inte era lemmar i syndens tjänst, som vapen åt orättfärdigheten, utan ställ er själva i Guds tjänst. Ni som var döda men nu lever, ställ era lemmar i Guds tjänst som vapen åt rättfärdigheten. Synden skall inte vara herre över er, ty ni står inte under lagen utan under nåden (Rom. 6:1, 12ff).

Vad jag vill säga är detta: vandra i Anden, så kommer ni inte att göra vad köttet begär. Ty köttet söker det som är emot Anden och Anden söker det som är emot köttet. De två strider mot varandra för att hindra er att

göra det ni vill. Men om ni leds av Anden, står ni inte under lagen (Gal.
5:16ff)

Bibeln räknar upp sådana goda gärningar som följer av
tron. De kallas Andens frukt:

Andens frukt däremot är kärlek, glädje, frid, tålamod, vänlighet,
godhet, trohet, mildhet, självbehärskning. Sådant är lagen inte emot. De
som tillhör Kristus Jesus har korsfäst sitt kött med dess lidelser och begär.
Om vi har liv genom Anden, låt oss då också följa Anden (Gal. 5:22-25).

Vet ni inte att ni är ett Guds tempel och att Guds Ande bor i er? (1 Kor
3:16).

Ty hans verk är vi, skapade i Kristus Jesus till goda gärningar, som
Gud har förberett, så att vi skall vandra i dem (Ef. 2:10).

För övrigt, bröder, ni har lärt av oss hur ni skall leva för att behaga
Gud, och det är ju så ni lever. Nu ber och uppmanar vi er i Herren Jesus
att låta ert liv ännu mer överflöda i detta. Ni vet vilka föreskrifter vi har
gett er från Herren. Detta är Guds vilja: att ni helgas (1 Tess. 4:1ff).

Nej, liksom han som har kallat er är helig, skall ni föra ett alltigenom
helgat liv. Det står skrivet: Ni skall vara heliga, ty jag är helig (1 Petr.
1:15f).

Sök frid med alla och helgelse, för utan helgelse kommer ingen att se
Herren (Hebr. 12:14).

Det är viktigt att förstå att kraften till helgelsen kommer av
evangeliet. Lagen har sin viktiga uppgift att avslöja vår synd
och driva oss till Kristus. Men lagen kan inte ge någon kraft till
bättring och heligt liv. Det ger endast evangelium i ordet och
sakramenten.

Luthers förklaring till den tredje trosartikeln ger en god
sammanfattning av den helige Andes verk. Han säger:

Jag tror, att jag inte av eget förstånd eller kraft kan tro på Jesus
Kristus, min Herre, eller komma till honom. Därför har den helige Ande
kallat mig genom evangelium. Han har upplyst mig med sina gåvor, helgat
mig och behållit mig i den rätta tron. Så kallar, församlar, upplyser och
helgar han hela den kristna kyrkan på jorden och bevarar henne i den enda
rätta tron. Varje dag ger han mig och alla troende riklig förlåtelse för alla

66

synder. På den yttersta dagen ska han uppväcka mig och alla döda och ge mig och alla som tror på Kristus ett evigt liv. Det är verkligen sant.[31]

Felaktiga uppfattningar om helgelsen.

Alla de som har en felaktig uppfattning om rättfärdiggörelsen har därmed också med nödvändighet en felaktig uppfattning om helgelsen. Endast den rena, evangeliska läran ger den rätta synen på hur Gud helgar oss genom sin helige Ande. De rörelser som idag särskilt avviker i läran om helgelsen är de s.k. tros- och helgelserörelserna, pingströrelsen och *den karismatiska rörelsen.* De menar att de kristna genom särskilda upplevelser (andedop, tungotal, profetiska budskap, en andra välsignelse m.m.) kan uppnå en högre grad av helgelse. Dessa rörelser avvisar vanligen den bibliska läran att dopet föder på nytt och ger den Helige Andes gåva. Men för att en kristen på rätt sätt skall leva i helgelse behövs inte några sådana högre, andliga upplevelser. Genom evangelium i ordet och sakramenten föds och uppehålls tron. Om en kristen blir ljum och håller på att glida bort från tron behövs inte en andra välsignelse eller extraordinära upplevelser. Den kristne skall i ställe be om syndernas förlåtelse och återvända till sitt dop och till det flitiga, dagliga bruket av Guds ord. Han skall också bruka den heliga nattvarden och biktens sakrament.

Det stora problemet med den karismatiska rörelsen är att den söker sina andliga välsignelser i sådant som Guds ord inte lär. Efter apostlarnas tid har vi inte något löfte om ytterligare uppenbarelser eller någon ny pingst. De moderna helgelserörelserna utgår från att Anden verkar särskilt mycket där stora väckelsekampanjer pågår och där under och tecken sker. Sådana karismatiska rörelser fanns dock redan på fornkyrkans tid och även kyrkofadern *Tertullianus (160-225)* blev påverkad av en sådan (montanismen). Under reformationen framträdde också flera svärmiska döparrörelser som förkastade barndopet och lärde att Anden verkar direkt i människans hjärta och

---

[31] Luthers lilla katekes, övers SR, SKB 366, Trigl 544.

kommer med utomordentliga tecken och under. Men Andens fullhet ges verkligen i vattendopet och genom att vi troget håller oss till detta växer också vår tro.

Till de moderna, svärmiska rörelserna hör också *den ekumeniska rörelsen* som betonar kyrkans yttre enighet på bekostnad av trons enhet i den bibliska läran och bekännelsen. Detta är raka motsatsen till Luthers förklaring ovan:

Så kallar, församlar, upplyser och helgar han hela den kristna kyrkan på jorden och bevarar henne i den enda rätta tron.

Augsburgska bekännelsen lär:

Vidare lärs att goda gärningar bör och måste ske, inte för att man skall förtrösta på dem för att få nåd, utan för Guds skull och till Guds lov och pris. Tron griper alltid tag om nåden och syndernas förlåtelse och ingenting annat. Och eftersom den helige Ande ges genom tron blir också hjärtat sådant att det gör goda gärningar.[32]

Konkordieformeln betonar att goda gärningar visserligen inte räknas i rättfärdiggörelsen inför Gud, men att de ändå är viktiga och nödvändiga som en följd av tron:

"Likaledes är det nödvändigt att göra goda gärningar och dessa bör med nödvändighet följa på tron och försoningen. Likaså att vi nödvändigt bör och måste göra de goda gärningar som Gud befallt. ... Ty hans bud visar på detta att skapelsen är skyldig att lyda sin skapare. Annars används dessa uttryckssätt ("nödvändigt" etc.) om det som någon av tvång eller på annat sätt mot sin vilja nödgas till. ... Men sådana skengärningar vill Gud inte ha, utan nya förbundets folk skall vara ett villigt folk och offra med villigt hjärta. *Ty Gud älskar en glad givare* (2 Kor. 9:7). I denna betydelse och mening säger och lär man med rätta, att verkligt goda gärningar bör göras villigt och med frivillig ande av dem, som Guds Son gjort fria."[33]

---

[32] CA art. 20, övers. SR, SKB 65, Trigl 54.
[33] FC SD, art. 4, SKB 592f, Trigl 940:14, 17f.

9. Bönen

Vi tror att bönen är befalld av Gud och har med sig stora
och underbara löften. Bönen är hjärtats samtal med Gud.
Bönen skall ske i Jesu namn, i tron på hans frälsning. Icke-
kristna människor och företrädare för främmande religioner
ber också, men deras böner betecknas i Bibeln som synd. Det
är först när en människa blir omvänd och kommer till tro som
den kristna bönen tänds i hennes hjärta. Bönen är inte ett
nådemedel utan en följd av tron. Den hör till helgelsen och
Andens verk i människan. Bönen är också uppfyllelsen av det
andra budet, där vi förbjuds att missbruka Guds namn men
istället befalls att bruka Guds namn på rätt sätt, nämligen
genom åkallan, bön och tacksägelse. Som förklaring till det
andra budet skriver Luther i katekesen:[34]

*Vi ska frukta och älska Gud, så att vi inte använder hans namn till att
svära och förbanna eller trolla. Vi ska inte ljuga eller lura någon i hans
namn, utan istället ropa till Gud i all nöd, be, tacka och lovprisa honom.*

Den viktigaste bönen i Bibeln är Jesu egen bön, som han
har lärt oss att bedja. I bönen "Fader vår" (Matt. 6:9-13) riktar
vi vår bön till vår himmelske Fader och ber om följande:[35]

1. Att Guds namn skall helgas. Det sker när Guds ord lärs
rent och klart och vi lever efter det som Guds barn.

2. Att Guds rike ska komma. Detta sker när vår himmelske
Fader ger oss sin helige Ande. Då tror vi genom hans nåd på
hans heliga ord och lever så ett kristet liv, först här i tiden och
sedan i evigheten.

3. Att Guds vilja skall ske ibland oss. Det sker när Gud
bryter och hindrar all ond vilja och alla angrepp från djävulen,
världen och vår onda natur. Vi ber att Gud skall ge oss kraft att
stadigt hålla fast vid ordet och tron till vår sista stund.

4. Att Gud skall ge oss dagligt bröd. Gud gör detta utan vår
bön, men vi ber här att Gud ska visa oss att det är hans gåva så

---

[34] Luthers lilla katekes, övers. SR, SKB 362, Trigl 538.

[35] Här citeras något förkortat Luthers förklaringar till bönen Fader vår i Lilla
katekesen. Övers. SR, SKB 366ff, Trigl 544ff.

att vi tacksamt tar emot den. Dagligt bröd är allt vi behöver för att klara oss väl här i livet, t.ex. mat och dryck, kläder, bostad, pengar, ägodelar, en kristen familj, ansvarsfulla medarbetare, god regering, välordnat samhälle, bra väder, fred, hälsa, goda vänner och grannar m.m.

5. Att Gud ska förlåta oss våra skulder. Vi ber i denna bön att vår himmelske Fader inte ville se till våra synder och fördenskull vägra att höra vår bön. Vi är inte värda något av det vi ber om och har inte heller förtjänat det. Vi ber istället att han ville ge oss allt av sin nåd. Vi syndar mycket varje dag och förtjänar inget annat än straff. Så vill vi också av hjärtat förlåta och gärna göra gott mot dem som syndar mot oss.

6. Att Gud inte ska föra oss in i frestelser. Gud frestar ingen men vi ber att Gud ville skydda och bevara oss så att djävulen, världen och vår onda natur inte ska bedra och förföra oss. De vill locka oss till otro, förtvivlan och andra svåra synder och laster. Vi ber att vi inte ska övervinnas av frestelserna utan strida mot dem och till slut vinna seger.

7. Att Gud ska frälsa oss från det onda. Vi ber i denna bön att vår himmelske Fader ska förlossa oss från allt ont både till kropp och själ, ja från allt ont här i världen. Vi ber att vi i vår sista stund ska få en salig död genom Guds nåd, så att han får ta oss från denna sorgens dal hem till sig i himlen.

Till sist avslutar vi bönen med *Amen*, vilket betyder att vi skall vara säkra på att vår himmelske Fader tar emot sådana böner välvilligt och att han hör allt vad vi ber. Han har ju själv befallt oss att bedja och lovat att höra oss. Amen betyder: Ja, ja, det ska blir så. Det är visst och sant.

Bibeln innehåller många andra böner som vi får använda som våra egna. Vi får också be med egna ord, och vi får be om vad som helst utan några begränsningar. Men vi ska veta att Gud liksom en jordisk far ofta säger nej till det vi ber om. Vi förstår ju inte vad som är bäst för oss själva. När Gud inte ger oss precis det vi ber om ger han oss något bättre och nyttigare.

Men Gud vill också gärna uppfylla våra böner och ge oss underbara bönesvar när det är möjligt. Detta gör han också för att uppmuntra oss till bön. När vi ber om sådant som Gud har lovat skall vi be ovillkorligt och lita på hans löften. När vi ber om sådant som vi inte har något löfte om skall vi säga: *Ske din vilja!* Det gäller t.ex. när vi ber om att bli friska från sjukdom eller när vi ber om att Gud skall hjälpa oss med något på ett bestämt sätt. Då lägger vi saken i Guds hand och förtröstar på att han ger oss det vi bäst behöver.

Några viktiga bibelställen om bönen:

Låt min muns ord och mitt hjärtas tankar behaga dig, Herre, min klippa och återlösare (Ps. 19:15).

Jesus gick lite längre fram, föll ner på sitt ansikte och bad: "Min Far! Om det är möjligt, så låt den här bägaren gå förbi mig. Men inte som jag vill, utan som du vill." (Matt. 26:39).

Och när ni ber ska ni inte rabbla tomma ord som hedningarna. De tänker att de ska bli bönhörda för sina många ords skull. Var inte som de, för er Far vet vad ni behöver innan ni ber honom om det (Matt. 6:7f).

Var alltid glada, be utan uppehåll och tacka Gud i allt. Detta är Guds vilja med er i Kristus Jesus (1 Tess. 5:16ff).

Att vi ska be utan uppehåll innebär att när vi flitigt använder Guds ord och bönen kommer vår egen ande att också be på ett omedvetet sätt tillsamman med Guds Ande.

Ni har fått barnaskapets Ande, och i honom ropar vi: "Abba! Far!" Anden själv vittnar med vår ande att vi är Guds barn (Rom. 8:15f).

Be, och ni ska få. Sök, och ni ska finna. Bulta, och dörren ska öppnas för er. För var och en som ber, han får, och den som söker, han finner, och för den som bultar ska dörren öppnas. Vem av er ger sin son en sten när han ber om bröd? Eller en orm när han ber om fisk? Om nu ni som är onda förstår att ge goda gåvor till era barn, hur mycket mer ska då inte er Far i himlen ge det som är gott till dem som ber honom? (Matt. 7:7-11)

Vidare säger jag er: Om två av er här på jorden kommer överens om att be om något, vad det än är, så ska de få det av min Far i himlen. För där två eller tre är samlade i mitt namn, där är jag mitt ibland dem. (Matt. 18:19f).

När han såg folkskarorna förbarmade han sig över dem, för de var härjade och hjälplösa som får utan herde. Och han sade till sina lärjungar:

"Skörden är stor men arbetarna är få. Be därför skördens Herre att han skickar ut arbetare till sin skörd." (Matt. 9:36ff)

Allt vad ni ber om i er bön ska ni få, när ni tror (Matt. 21:22).

Om ni förblir i mig och mina ord förblir i er, så be om vad ni vill och ni ska få det (Matt. 15:7).

Hittills har ni inte bett om något i mitt namn. Be och ni ska få, så att er glädje blir fullkomlig (Joh. 16:24).

Jag har gett dem ditt ord och världen har hatat dem, för de tillhör inte världen liksom inte heller jag tillhör världen. Jag ber inte att du ska ta dem ut ur världen, utan att du ska bevara dem från det onda. De tillhör inte världen, liksom inte heller jag tillhör världen. Helga dem i sanningen: ditt ord är sanning (Joh. 17:17).

De höll troget fast vid apostlarnas undervisning och vid gemenskapen, brödsbrytelsen och bönerna... Varje dag var de troget och enigt tillsammans i templet, och i hemmen bröt de bröd och delade måltid med varandra i jublande, innerlig glädje, och de prisade Gud (Apg. 2:42, 46).

Var glada i hoppet, tåliga i lidandet, uthålliga i bönen (Rom. 12:12).

Gör detta under ständig bön och åkallan och be alltid i Anden. Var därför vakna och håll ut i bön för alla de heliga. Be också för mig, att ordet ges mig när jag öppnar min mun, så att jag frimodigt förkunnar evangeliets hemlighet (Ef. 6:18f).

Bekymra er inte för något, utan låt Gud få veta alla era önskningar genom bön och åkallan med tacksägelse. Då ska Guds frid, som övergår allt förstånd, bevara era hjärtan och era tankar i Kristus Jesus (Fil. 4:6f).

Och den tilliten har vi till honom, att om vi ber om något efter hans vilja så hör han oss. Och om vi vet att han hör oss vad vi än ber om, då vet vi också att vi redan har det vi bett honom om (1 Joh. 5:14f).

Ni kämpar och strider men har inget, därför att ni inte ber. Ni ber men får inget, därför att ni ber illa – för att slösa bort det på era njutningar (Jak. 4:2f).

Felaktiga uppfattningar om bönen

Jesus nämner själv den felaktiga uppfattningen att vi tror att vi skall bli bönhörda för våra långa böners skull. Bönen får inte heller användas för att vi skall framstå som särskilt fromma och märkvärdiga människor. Därför skall vi be i det fördolda, i vår kammare, säger Jesus (Matt. 6:6).

Bönen används felaktigt när man menar att bönen är ett nådemedel som gör, att när vi ber ivrigt och uthålligt blir vi omvända. Detta missbrukas framför allt av de reformerta kyrkorna. Först predikar de om synd och nåd och framhåller att Jesus har dött för alla våra synder. Så långt är allt väl. Men när det sedan gäller hur en människa skall bli omvänd och frälst, hänvisar man till bönen och botbänken och människans egen avgörelse. De som vill bli omvända går då fram till en särskild böneplats och ber intensivt tillsammans med kyrkans pastorer eller några särskilt utsedda böneledare. Man ber och kämpar i bönen tills man om möjligt upplever några varma känslor eller får en övertygelse om att man "har kommit igenom" och "blivit frälst".

Detta är en typ av viljans och känslans avgörelse för Gud som bekräftas med en upplevelse av frälsningen. Äktheten av dessa upplevelser skall inte betvivlas. Men bönen och den egna avgörelsen används här felaktigt som ett nådemedel. Så länge människan inte är omvänd kan hon inte bedja. Hon skall då fortsätta att läsa Guds ord och lyssna på goda predikningar och annan sund bibelundervisning. Genom ordet kommer då människan till tro när och var det behagar Gud. Tron tänds då i hennes hjärta och hon börjar därmed också att bedja. När en människa på allvar ber till Jesus om syndernas förlåtelse är hon redan omvänd. Innan dess är bönen ingenting annat än våra egna tankar och känslor.

Det är givetvis inget fel att be till Gud om förlåtelse och omvändelse, tvärtom! Men när den bönen sker i hjärtat är människan redan född på nytt även om hon inte har haft någon speciell omvändelseupplevelse. Upplevelserna av frälsningen skiftar mycket, men gemensamt är att det är genom Guds ord och sakrament som människan kommer till tro och inte genom själva bönen.

Många som på detta sätt vill bli omvända kanske i verkligheten redan har kommit till tro fastän de ännu inte upplever några himlastormande känslor. Tron kommer av ordet om Kristus och frälsningen. Den som tror att detta är sant och ber Gud om förlåtelse för sina synder får lita på att Gud verkligen förlåter och att han därmed är en kristen även om känslan inte är sådan man själv skulle önska.

Ett annat sätt att missbruka bönen är när man vill föreskriva Gud vad han skall göra och inte är beredd att lämna avgörandet i Guds hand. Detta sätt att be kännetecknar flera s.k. trosrörelser. Man ber först ivrigt för att "få tro" för något. När man menar att man verkligen "fått tro" för ett visst projekt, t.ex. att bygga en stor kyrka eller att få församlingen att växa till ett visst (stort) antal medlemmar meddelar man också andra kristna att man av Gud "fått tro" för detta. Gåvor börjar komma in och så småningom lyckas man med hårt arbete och intensiva böner att åstadkomma det man bett för och "fått tro" för. Denna typ av trosrörelse kallas också *framgångsteologi*. Den som helt och fullt tror på Gud utlovas här all möjlig framgång och i regel också hälsa och botande ("healing").

Denna typ av framgångsteologi är utmärkande för den *reformerta* kyrkan. Eftersom man i den ursprungliga kalvinismen inte trodde på den allmänna nåden blev framgången i den kristna verksamheten ett tecken på den rätta tron. Detta har sedan fortsatt in i den moderna tiden. Stora väckelsemöten, framgångsrika kampanjer och insamling av stora penningmedel ses som tecken på att det är Gud som verkar.

Det ska inte förnekas att det också finns sanna kristna inom dessa kyrkor och rörelser. Men deras lära om bönen, omvändelsen och framgången är inte biblisk. När vi har den sanna tron på Kristus skall vi i ödmjukhet vända oss till Gud och be om allting vi önskar. Men vi ska överlämna hela saken i Guds hand och inte föreskriva honom vad han skall göra. Det finns inget särskilt löfte i Bibeln om att "få tro" för en sak på det sätt som här beskrivs. När Johannes skriver: *"Om vi vet att han hör oss vad vi än ber om, då vet vi också att vi redan har det vi bett honom om" (1 Joh. 5:15)*, så syftar han inte på att vi liksom skulle ha rätt att kräva av Gud att han ger oss just det vi ber om eller "fått tro" för. Nej, det är en försäkran om att Gud hör varje bön vi som kristna ber och att han ger oss svar på det sätt han själv bestämmer. Vi kan i samma stund vi ber veta att vi redan har fått bönesvar även om Gud dröjer med att visa oss hur och när det sker. Aposteln Paulus ord om sin egen bön är här viktiga för förståelsen av hur Gud svarar på bön. Han skriver:

Och för att jag inte ska förhäva mig efter dessa väldiga uppenbarelser har jag fått en tagg i köttet, en ängel från Satan som ska slå mig så att jag inte förhäver mig. Tre gånger har jag bett Herren att den ska lämna mig, men han svarade mig: "Min nåd är nog för dig, för min kraft fullkomnas i svaghet." (2 Kor. 12:7ff).

Ett stort missbruk av bönen är det också när man åkallar helgonen istället för att be direkt till Gud.

Vår bekännelse säger:

Skriften lär inget om att vi skall åkalla helgonen eller bedja dem om hjälp. Men då varken något bud eller löfte om eller exempel på åkallandet av helgon kan anföras ur den heliga Skrift följer därav, att samvetet inte kan ha någon visshet om ett sådant åkallande. Och då all bön bör framgå ur tro, hur kan vi då veta att Gud har behag till detta åkallande av helgonen?[36]

Den rätta bönen får sin näring från Guds ord och från vår egen nöd. Bibeln säger (enligt äldre övers.):

Huru kan han lära dig bedja, om icke genom nöd? (Job 36:19).

Åkalla mig i nöden, så vill jag hjälpa dig, och du skall prisa mig (Ps. 50:15).

Mitt hjärta förehåller dig ditt ord: »Sök mitt ansikte.» Ja, ditt ansikte, HERRE, söker jag (Ps. 27:8).

Så är den kristna bönen som Luther säger "de kristnas rätta arbete". Därför manar oss Bibeln ständigt till bön, lovsång, tacksägelse och tillbedjan.

---

[36]Apologin art. 21, SKB 243, Trigl 344.

10. Dopet

Vi tror att dopet i Faderns, Sonens och den helige Andes namn är ett bad till ny födelse och förnyelse i den helige Ande. Enligt dopbefallningen vill Gud att alla människor skall döpas, både barn och vuxna. Dopet är Guds nådeförbund, som står fast hela livet och aldrig skall göras om. Dopet måste åtföljas av biblisk undervisning i den kristna kyrkans gemenskap för att den döpte skall bli bevarad i tron.

Dopet föder verkligen en människa på nytt och det är nödvändigt för saligheten. Eftersom de små barnen kan tro och det inte finns något annat medel till deras omvändelse skall barnen döpas. Jesus säger att missionsbefallningen gäller alla folk. Bibeln lär också tydligt att dopet skänker frälsningen. Dopet är en Guds handling med människan. Jesus behövde inte döpas, men han gjorde det ändå för vår skull för att uppfylla all rättfärdighet. Genom sitt dop har han så helgat Jordans flod och alla andra vatten till det kristna dopet. Vid Jesu eget dop möter vi också den heliga Treenigheten. Vi hör Faderns röst från himlen, ser Sonen stå där i vattnet, och över honom sänker sig den helige Ande i form av en duva. Så hör dopet oupplösligt samman med tron på den treenige Guden. Utan en rätt lära om Gud har vi inte det rätta kristna dopet.

Dopets gåva förpliktar oss till att leva ett heligt, kristet liv. Dopet är både en bekännelse till den ende sanne Guden och en avsägelse av djävulen och allt hans onda väsende. Därför använder vi det gammalkyrkliga dopritualet, som också Luther behöll, där den döpte avsäger sig djävulen och bekänner sig till Gud.

En förebild till dopet var Noas ark och den stora floden. Genom floden straffades hela den ogudaktiga världen medan den troende Noa och hans familj räddades i arken.

Dopet förebildades också av omskärelsen i GT som var ett vittnesbörd om Guds förbund och frälsningen genom Kristi försoning. Några viktiga bibelställen om dopet:

Gå därför ut och gör alla folk till lärjungar! Döp dem i Faderns och Sonens och den helige Andes namn och lär dem att hålla allt vad jag har befallt er. (Matt. 28:19f).

"Gå ut i hela världen och predika evangelium för hela skapelsen. Den som tror och blir döpt skall bli frälst, men den som inte tror skall bli fördömd (Mark. 16:15f).

Den som inte blir född på nytt kan inte se Guds rike... Den som inte blir född av vatten och Ande kan inte komma in i Guds rike (Joh. 3:3, 5).

Och nu, varför tvekar du? Stå upp och låt dig döpas och tvättas ren från dina synder och åkalla hans namn (Apg. 22:16).

Eller vet ni inte att alla vi som är döpta till Kristus Jesus är döpta till hans död? Vi är begravda med honom genom dopet till döden för att leva det nya livet, liksom Kristus är uppväckt från de döda genom Faderns härlighet. För om vi är förenade med honom i en död som hans, ska vi också vara det i en uppståndelse som hans.(Rom. 6:3ff).

Alla ni som blivit döpta till Kristus har iklätt er Kristus.(Gal. 3:27).

I honom blev ni också omskurna, inte med människohand utan med Kristi omskärelse, när ni avkläddes er syndiga natur och begravdes med honom i dopet. I dopet blev ni också uppväckta med honom genom tron på Guds kraft, han som uppväckte honom från de döda. (Kol. 2:11f).

Men när Gud, vår Frälsare, uppenbarade sin godhet och kärlek till oss människor frälste han oss, inte för rättfärdiga gärningar som vi hade gjort utan på grund av sin barmhärtighet. Han frälste oss genom ett bad till ny födelse och förnyelse i den helige Ande, som han rikligt utgöt över oss genom Jesus Kristus, vår Frälsare, för att vi ska stå rättfärdiga genom hans nåd och bli arvingar med hopp om evigt liv. Detta är ett ord att lita på, och jag vill att du med kraft inskärper det, så att de som tror på Gud är noga med att göra goda gärningar. Sådant är gott och nyttigt för människorna (Tit. 3:4-8).

I Anden gick han sedan och förkunnade sin seger för andarna i fängelset, för dem som förr hade vägrat lyssna när Gud väntade tåligt under Noas dagar medan arken byggdes. I den blev några få, åtta själar, frälsta genom vattnet. Efter denna förebild frälser nu dopet också er. Det innebär inte att kroppen renas från smuts utan är ett rent samvetes bekännelse till Gud genom Jesu Kristi uppståndelse (1 Petr. 3:19-22).

Felaktiga uppfattningar om dopet.

Ett stort missbruk av dopet sker idag inom våra folkkyrkor. Man döper där barnen utan att kräva att de också skall få en bibeltrogen, kristen undervisning. Detta beror på den ökade sekulariseringen men också på att folkkyrkorna har accepterat den modernistiska teologin. Man har inte längre någon biblisk lärotukt utan låter var och en tro och tycka vad han vill.

Under fornkyrkan och på reformationens tid stod dopet nära samman med den bibliska undervisningen. De som vunnits genom missionen fick först en grundläggande katekesundervisning innan de döptes. Barn till kristna föräldrar döptes och fick därefter Guds ord i hemmets andakter och i kyrkans undervisning innan de fick gå till nattvarden.

Denna goda praxis upprätthölls länge i de lutherska kyrkorna. Men när bibelkritiken kom in på bred front tillsammans med ekumenismen på 1900-talet har dopraxis steg för steg förändrats. Dopet är för många bara en tradition eller namngivningsceremoni. Vad barnets föräldrar tror och lär spelar ingen avgörande roll. Predikan om att dopet föder på nytt till andligt liv har till stora delar försvunnit. Dopet är inte längre en bekännelse till den rätta, bibliska tron. Så har denna förödande dopraxis lett till att en stor del av befolkningen visserligen fortfarande döps men ändå är det många som sällan eller aldrig besöker kyrkorna.[37] Konfirmationsseden håller också på att minska kraftigt, och innehållet är sedan lång tid tillbaka urvattnat.

Bland många svärmiska rörelser och icke-lutherska kyrkor förnekas barndopet. På Luthers tid kallades de "vederdöpare", d.v.s. omdöpare eller anabaptister. Deras kyrkor utgör idag en betydande del av kristenheten. Gemensamt för dem är att de i första hand ser dopet som en bekännelse, men inte som ett nådemedel där syndernas förlåtelse skänks av Gud. Dessa

---

[37] Av de 114489 som föddes i Sverige år 2019 var det 70117 (65,9%) som hade minst en förälder i Svenska kyrkan. De personer som döptes var 46190 (40,3%). Från Svenska kyrkans dopstatistik 2019.

kyrkor förnekar i regel arvsynden och de menar att barnen av naturen har del av frälsningen eftersom de är "oskyldiga". För att bli döpt måste man enligt de baptistiska kyrkorna ha kommit till en sådan ålder att man själv kan "avgöra sig för Kristus". Den som har kommit till tro skall "ta dopet" som en bekännelse av att man har blivit frälst. Man betonar att tron måste komma först och dopet sedan. Endast neddoppning ses som ett rätt dop.

Bibeln lär förvisso att dopet också är en bekännelse. Men framför allt är dopet ett medel till syndernas förlåtelse som alla människor och därmed även de små barnen behöver för att bli frälsta. Beträffande det bibliska ordet för dop *(baptisma)* betyder det inte bara neddoppning utan också varje form för tvättande och applicering av vatten som t.ex. begjutning och bestänkelse.

I den ekumeniska rörelsen suddas gränserna ut mellan kyrkor som erkänner barndopet och de som förnekar dess giltighet. Detta är ett förakt för den egna trosövertygelsen. När man i en och samma kyrka tillåter olika, mot varandra stridande uppfattningar, är detta en stor likgiltighet för trons sanning. Det är bättre att vara en övertygad baptist och kämpa för denna uppfattning (även om den i sig är falsk) än att tillåta två motstridiga uppfattningar om dopet i en och samma kyrka. Gör man det, är det ett tecken på att man inte längre på allvar bryr sig om den rätta, bibliska läran. Därför är den moderna, ekumeniska blandningen av alla möjliga läror ett värre ont än de äldre sekterna som utifrån sin trosövertygelse kämpade för det de menade var sanningen. Dessa äldre sekter trodde i alla fall att det fanns en biblisk sanning. Men vad tror de moderna ekumenerna som accepterar en mängd olika läror i en och samma ekumeniska världskyrkorörelse?

Bekännelsen

Augsburgska bekännelsen lär i sin 9:e artikel:

Om dopet lärs att det är nödvändigt för saligheten och att Guds nåd erbjuds genom det. Därför skall man även döpa barnen. Genom dopet överlämnas de åt Gud och får del av hans nåd.

Därför förkastas baptisterna (omdöparna) som lär, att barndopet inte är rätt och som menar att barnen kan blir frälsta utan dop.[38]

I apologin till denna artikel sägs det:

Eftersom evangelium predikas flitigt hos oss så har vi också haft stor nytta och frukt av detta så att inga omdöpare har trängt in i våra kyrkor. Vi tackar och lovprisar Gud för att vårt folk genom Guds ord har blivit väl undervisat mot gudlösa, upproriska sekter, ledda av mordiska ogärningsmän.[39] *Många andra villfarelser hos omdöparna har vi också bekämpat och fördömt. Särskilt har vi visat att barndopet inte sker förgäves. Ty det är helt visst att Guds löften om den helige Andes nåd inte bara gäller de vuxna utan också barnen.*

Men löftena gäller inte dem som är utanför Kristi kyrka, där det finns varken evangelium eller sakrament. Ty Kristi rike finns aldrig annat än där Guds ord och sakrament är. Därför är det också rätt och kristet och nödvändigt, att man döper barnen så att de får del av evangeliets löfte om frälsning och nåd. Kristus befaller ju: "Gå och döp alla hednafolk." Liksom de inbjuds att få nåd och frälsning i Kristus inbjuds de också till dopet. Det gäller både män och kvinnor, barn och spädbarn. Av detta följer helt visst att man skall döpa de små barnen och att de i och med dopet får evangeliets nåd, den skatt som erbjuds åt alla.

För det andra är det uppenbart att de små barnens dop behagar Herren Gud. Därför lär omdöparna fel när de fördömer detta dop. Men att Gud ser med välbehag på de små barnens dop visar han genom att han ger den helige Ande till många som är döpta som barn. Det har ju funnits många fromma människor i kyrkan, som inte har blivit döpta på annat sätt än som barn.[40]

---

[38] Övers. SR, SKB 59, Trigl 46.

[39] Detta syftar på att vissa sekter tog till vapen och gjorde uppror.

[40] Övers. SR, SKB 185, Trigl 244.

11. Bikten

Vi tror att bikten (eller det enskilda skriftermålet) är ett nådemedel, som skall brukas i kyrkan för avlösningens skull. Jesus har själv givit sin kyrka den s.k. *nycklamakten* som ger kyrkan rätt att i Guds namn binda de obotfärdiga i sina synder och lösa de ångerfulla genom avlösningens ord. Den enskilda avlösningen skänker stor tröst och visshet åt oroliga och anfäktade samveten. Bibeln berättar om hur Jesus gav syndernas förlåtelse till en lam man:

Där kom några till honom med en förlamad man som låg på en bädd. Jesus såg deras tro och sade till den lame: "Var lugn, mitt barn. Dina synder är förlåtna." Några skriftlärda tänkte inom sig: "Han hädar!" Jesus såg deras tankar och sade: "Varför tänker ni så ont i era hjärtan? Vad är lättast, att säga: Dina synder är förlåtna, eller att säga: Res dig och gå? Men för att ni ska veta att Människosonen har makt på jorden att förlåta synder, säger jag dig" – och nu talade han till den lame: "Res dig, ta din bädd och gå hem!" Då reste mannen sig upp och gick hem. När folket såg det, greps de av fruktan och prisade Gud som hade gett sådan makt åt människor (Matt. 9:2-8).

Vi ska lägga märke till att Jesus tillsäger mannen syndernas förlåtelse "här och nu". I den stund Jesus uttalar orden får mannen syndernas förlåtelse. De skriftlärde menade att Jesus hädade eftersom endast Gud kan förlåta synder. De förstod inte att Jesus var Gud. Men Jesus hade denna makt också *såsom människa*. Han är *människosonen*[41], en sann människa som har makt på jorden att förlåta synder. Denna makt ger han också åt människorna i sin kyrka. Avlösningens eller förlåtelsens ord är inte en allmän hänvisning till att Kristus en gång för alla har dött för alla människor. Detta är givetvis förutsättningen för all förlåtelse och rättfärdiggörelse, men avlösningens makt att förlåta ligger i själva ordet, i den direkta tillsägelsen av syndernas förlåtelse "här och nu". Det står ju också att folket *"prisade Gud som hade gett sådan makt åt människor"*.

---

[41] Profeten Daniel förutsade att Messias skulle komma som *människosonen* med himmelens skyar (Dan. 7:13).

Till Petrus sade Jesus:

Jag ska ge dig himmelrikets nycklar. Allt som du binder på jorden ska vara bundet i himlen, och allt som du löser på jorden ska vara löst i himlen (Matt. 16:19).
Detta löfte gällde inte endast Petrus, utan alla apostlarna. Efter sin uppståndelse sade Jesus till dem alla:
"Frid vare med er! Som Fadern har sänt mig sänder jag er." Sedan han sagt detta, andades han på dem och sade: *"Ta emot den helige Ande! Om ni förlåter någon hans synder så är de förlåtna, och om ni binder någon i hans synder så är han bunden (Joh. 20:21ff).*

Vi skall här lägga märke till att Jesus talar om att förlåtelsen skall tillsägs enskilda personer.[42] Därför talar vi om den *enskilda* avlösningen. Det är inte riktigt när man ibland påstår att den allmänna avlösningen skulle var mer luthersk och biblisk än den enskilda. Det är precis tvärtom. Enligt Guds ord är bikten och avlösningen till för den enskilda människan. Personen bekänner sin synd och prästen tillsäger honom syndernas förlåtelse på Guds befallning. Detta kallar vi *lösenyckeln.* Men om någon syndar utan att vilja bekänna sin synd skall vi använda *bindenyckeln* eller *exkommunikationen.* Det innebär att kyrkan på Guds befallning binder en människa i hennes synder: *om ni binder någon i hans synder så är han bunden i dem.*

I Matteus 18 förklarar Jesus närmare hur detta skall gå till. Om någon syndar skall den som märker det först tala ensam med honom. Om han lyssnar har han vunnit sin broder. Men om han inte lyssnar skall man ta med sig ännu en person och tala med den felande. Lyssnar denne får han förlåtelse och ingen mer skall få veta om det. Men om han ändå inte lyssnar måste saken tas inför hela församlingen/kyrkan. Om den felande då lyssnar skall församlingen ge sin förlåtelse. Men den som inte ens vill lyssna på församlingen måste bli utesluten eller exkommunicerad ur den kristna kyrkan. Jesus säger:

Lyssnar han inte heller till församlingen, då ska han vara för dig som en hedning och tullindrivare (Matt. 18:17).

---

[42] Se F. Pieper: Christliche dogmatik, Bd 3, s. 225, Pieper-Mueller, s. 532.

82

Ett bibliskt exempel på detta är mannen i Korint som levde i synd med sin fars hustru. Paulus skriver:

Det ryktas faktiskt om sexuell omoral bland er, sådan omoral som man inte ens hittar bland hedningarna: att en man lever ihop med sin fars hustru. Och ändå är ni uppblåsta! I stället borde ni ha blivit så bedrövade att den som gjort det hade drivits ut ur er gemenskap. Jag som är frånvarande till kroppen men närvarande i anden har redan, som om jag var där, i vår Herre Jesu Kristi namn fällt domen över den som handlat så. När ni är samlade och min ande är hos er med vår Herre Jesu makt, ska den mannen överlämnas åt Satan till köttets fördärv för att anden ska bli frälst på Herrens dag (1 Kor. 5:1-5).

Paulus själv har redan fällt domen över mannen, och han uppmanar nu församlingen att de också skall använda bindenyckeln och exkommunicera honom.

I sitt nästa brev skriver Paulus om en man som har ångrat sina synder. Troligen var det fråga om samma person som tidigare blivit utesluten, men det kan också ha varit någon annan. Paulus skriver:

Om en viss person har orsakat sorg, så är det inte mig han har gett sorg utan i viss mån er alla, för att inte säga för mycket. Det räcker med det straff han har fått av de flesta. Nu får ni i stället förlåta och trösta honom så att han inte går under i sin djupa sorg. Därför uppmanar jag er att bemöta honom med kärlek (2 Kor. 2:5-8).

Detta är ett exempel på lösenyckeln. När en syndare ångrar och bekänner sin synd skall kyrkan förlåta och trösta.

Enligt Guds ord är det endast de som är kallade till prästämbetet som skall förkunna Guds ord offentligt och förvalta sakramenten. Därför är det också prästen som offentligt skall förvalta bikten och nyckelmakten. Det sker då enligt Guds och hela församlingens kallelse. Det är Gud själv som enligt sitt löfte tillsäger syndernas förlåtelse i bikten. Enskilda kristna kan trösta varandra med Guds ord och på det sättet tillsäga varandra syndernas förlåtelse privat. Men den offentliga själavården skall handhas av dem som är rätteligen kallade till ämbetet.

Felaktiga uppfattningar om bikten

Den romersk-katolska kyrkan lär att avlösningen *inte* är ovillkorlig. Man lär att det också finns en s.k. *felaktig nyckel.* Människans ånger och goda gärningar är ett villkor för förlåtelsen. Detta beror på att deras lära om rättfärdiggörelsen inte är ren och klar. Enligt Bibeln är det förvisso viktigt att avlösningen inte uttalas till dem som är säkra i sina synder. De skall först få höra lagens ord om att synden medför Guds vrede och förbannelse. Men de som är bekymrade för sin synd skall få höra en *ovillkorlig* avlösning från alla synder. Denna avlösning sker då inte på grund av deras ånger utan enbart på Guds befallning för Kristi skull. Den som då tror på avlösningens ord tar emot syndernas förlåtelse. Men den som inte tror slår ifrån sig förlåtelsen och vägrar att ta emot den trots att den från Guds sida är en verklig, ovillkorlig avlösning.

I en romersk-katolsk katekes står det:

Utan ånger finnes ingen syndaförlåtelse... Då vi ångrar våra synder, skall vi förtröstansfullt hoppas på Guds förlåtelse... Är vår ånger fullkomlig, förlåter Gud oss omedelbart alla våra synder, även dödssynderna.[43]

Här ser vi hur förlåtelsen är villkorlig och hur man bar kan *hoppas* på den. Vem kan veta om hans ånger är fullkomlig? Och i så fall sker rättfärdiggörelsen på grund av något hos oss. Men enligt biblisk lära är förlåtelsen utan villkor och därför kan vi vara *vissa* om förlåtelsen.

Den *reformerta kyrkan* avvisar bikten och menar att lutheranerna här återfaller till romersk katolicism. De menar att nåden verkar direkt i människans hjärta utan medel. Detta är svärmeri. I en framstående reformert dogmatik står det:[44]

På grund av reaktionen mot anabaptiserna kom lutheranerna att röra sig i riktning mo Rom och binda Guds nåd till nådemedlen i absolut mening. Detta är också en syn som högkyrkliga anglikaner har. Men den reformerta kyrkan fortsatte i enlighet med reformationens ursprungliga syn.

---

[43] Den kristna trosläran, Katekes för Stockholms stift 1958, s.185f.
[44] Louis Berkhof, Systematic Theology, 1976 (1939), s. 608.

De förnekar att nådemedlem i sig själva kan meddela nåden som om de vore utrustade med en magisk makt att ge helighet. Gud och endast Gud är den ursprungliga orsaken till frälsningen. När han skänker och förmedlar sin nåd är han inte absolut bunden vid de gudomliga medel i vilka han vanligen verkar, men han använder dem för att tjäna sina nådefulla syften.

Här ser vi tydligt hur de reformerta avvisar den bibliska läran om bikten och avlösning som ett närmande till Rom.

Vår bekännelse säger:

CA 11. Om bikten.

Om bikten lärs, att man skall ha kvar den enskilda avlösningen i kyrkan och inte låta den falla. Men det är inte nödvändigt att man i bikten räknar upp alla synder och missgärningar, eftersom sådant inte är möjligt. Skriften säger ju: "Vem känner sina synder?" (Ps. 19:13).

CA 12. Om boten.

Om boten lärs att de som har fallit i synd efter dopet kan få syndernas förlåtelse närhelst de vänder om i botfärdighet. Kyrkan får då inte vägra dem avlösning. Den sanna, rätta boten består egentligen av två delar. Den ena är ånger och och samvetskval på grund av synden. Den andra är tron på evangelium och avlösningen, att Kristus har förvärvat syndernas förlåtelse och nåd. Den ger samvetet tröst och befriar det från ångesten. Sedan skall goda gärningar följa, som är botens frukter, som Johannes döparen säger: "Bär sådan frukt som kommer av boten" (Matt. 3:8).

I Luthers lilla katekes – som ju är en del av bekännelsen – står det om bikten:

"Bikten består av två stycken. Det första är att man bekänner sina synder, och det andra att man tar emot avlösningen eller förlåtelsen av biktfadern som från Gud själv. Man ska inte tvivla på detta utan lita helt och fullt på att alla synder därigenom är förlåtna inför Gud i himlen.

Vilka synder ska man då bikta? Inför Gud ska man erkänna sig skyldig till alla synder, också de som vi inte själva märker av. Så gör vi i bönen Fader vår. Men inför biktfadern ska vi bara bekänna de synder som vi vet om och känner i hjärtat.

Vilka synder är det? Du ska då se på din egen ställning och de tio buden, om du är en far, mor, son, dotter, man, kvinna, anställd o.s.v. Har du gjort någon illa med ord eller handling? Har du stulit, försummat det du borde göra, varit slarvig eller förstört någonting? *Var snäll och lär mig hur jag på ett enkelt sätt kan bikta!* Svar: Så ska du säga till biktfadern/prästen: Käre fader i ämbetet! Jag skulle gärna vilja gå till bikt och få förlåtelse för Guds skull. *Säg vad som bekymrar dig!* Jag arme syndare bekänner mig inför Gud vara skyldig till alla synder. Särskilt bekänner jag inför dig, min biktfar, att jag är anställd, men tyvärr har handlat illa mot min arbetsgivare. Jag har inte utfört mitt uppdrag ordentligt. Jag har varit otrevlig och besvärlig och fått andra att svära över mig. Jag har försummat mitt arbete och vållat skada. I både ord och handling har jag uppträtt skamligt, och jag har retat mina kamrater. Jag grälat med min fru och svurit o.s.v. *Sedan säger prästen:* Gud vare dig nådig och styrke din tro. Amen. *Vidare:* Tror du, att min förlåtelse är Guds förlåtelse? *Den biktande svarar:* Ja. *Prästen fortsätter:* Ske dig såsom du tror. Och på vår Herres Jesu Kristi befallning förlåter jag dig alla dina synder i Faderns, Sonens och den helige Andes namn. Amen. Gå i Herrens frid.

Men de som är mycket bekymrade i sitt samvete eller har stor bedrövelse och anfäktelse ska prästen förstå att väl trösta med olika bibelord och så styrka och uppmuntra deras tro. Det här är nu bara ett exempel på hur vanliga människor kan gå till bikt."

I apologin till Augsburgska bekännelsen, art. 11, står det:

Det är uppenbart och motståndarna kan inte förneka att de våra har predikat, skrivit och lärt rent och kristligt om avlösningen och nyckelmakten. Så har många bedrövade, anfäktade samveten fått stor tröst sedan de har blivit undervisade om detta nödvändiga stycke. Det är Guds bud och det rätta bruket av evangelium att vi tror på avlösningen och håller det för visst och sant att vi får syndernas förlåtelse utan vår förtjänst genom Kristus. När vi tror avlösningens ord är det verkligen sant att vi blir försonade med Gud som om vi hörde en röst från himlen.

12. Nattvarden

Vi tror att brödet och vinet i nattvarden är Kristi sanna kropp och blod som delas ut till att ätas och drickas. Nattvarden är instiftad av Jesus själv strax innan han gick för att lida och dö. I nattvarden utlovas syndernas förlåtelse. Varje nattvardsgäst äter och dricker Kristi kropp och blod. För dem som inte tror blir dock detta till en dom.

Närvarons stora under verkas av Kristi instiftelseord då dessa på Kristi befallning läses över brödet och vinet. Kristi kropp och blod blir då närvarande under hela handlingen till dess sakramentet förtärs av nattvardsgästerna enligt Jesu befallning. Han säger ju: *Gör detta till min åminnelse.* Nattvarden är till för dem som redan tror på Jesus och nattvardens gåva. Genom detta sakrament vill Gud styrka vår tro på syndernas förlåtelse. Vi får här på ett övernaturligt och underbart sätt del av Kristi kropp och blod, som offrades för vår skull och som borttager världens synder. Men nattvarden i sig är inte något offer så som de romerska katolikerna menar. Det är inte något oblodigt upprepande av Kristi offer (mässoffersläran). När Kristus kommer till oss i nattvarden gör han det med sin uppståndna och förhärligade kropp och sitt blod. Vi får då del av själva den lösepenning med vilken Kristus har förvärvat syndernas förlåtelse, liv och salighet åt oss.

Avgörande för nattvardens giltighet är Jesu egen instiftelse som skedde på kvällen innan han blev förrådd. Med stort allvar instiftade han här det nya förbundets måltid. Han ger oss här ett testamente som aldrig kan ändras. Han tog ett bröd och en bägare med vin. Han förklarade med tydliga ord att brödet var hans kropp och vinet hans blod. Han säger: *Tag och ät. Detta är min kropp. Drick härav alla. Detta är det nya förbundet i mitt blod.* Han gav så lärjungarna att äta och dricka och förkunnade att det skedde till syndernas förlåtelse. Han befallde också lärjungarna att denna måltid skulle upprepas i kyrkan till hans åminnelse. När han sade: *Gör detta!* innebar det inte bara att man skulle äta och dricka utan också att hans instiftelseord skulle upprepas. *Luther* framhöll detta med kraft mot den schweiziske reformatorn *Zwingli (1484-1531)*, som förnekade den sanna närvaron.

Närvaron av Kristi kropp och blod börjar när Jesus säger: *Detta är min kropp, detta är mitt blod.* Somliga menar att närvaron börjar först när man äter och dricker, men det är inte så Jesus säger. Luther betonade att närvaron verkas direkt genom de uttalade orden. Han avvisade skarpt Zwinglis syn att bröd och vin inte kan vara Kristi kropp eftersom Kristus har farit upp till himmelen. Då begränsar man med förnuftet Guds makt. När Jesus säger: *Detta är min kropp*, så är verkligen brödet hans kropp och vinet hans blod. Allt det som är invigt är Kristi kropp och blod som delas ut och tas emot för att ätas och drickas som ett verkligt sakrament. Bibelställen:

Medan de åt tog Jesus ett bröd, tackade Gud, bröt det och gav åt lärjungarna och sade: "Tag och ät. Detta är min kropp." Och han tog en bägare, tackade Gud och gav åt dem och sade: "Drick av den alla. Detta är mitt blod, förbundsblodet, som blir utgjutet för många till syndernas förlåtelse (Matt. 26:26ff).

Läs också Mark. 14:22-25, Luk. 22:17-20, 1 Kor. 11:23-26. Paulus skriver också:

Välsignelsens bägare som vi välsignar, är den inte gemenskap med Kristi blod? Brödet som vi bryter, är det inte gemenskap med Kristi kropp? (1 Kor. 10:16).

Den som äter brödet eller dricker Herrens bägare på ett ovärdigt sätt syndar därför mot Herrens kropp och blod. Var och en ska pröva sig själv och så äta av brödet och dricka av bägaren. Den som äter och dricker utan att urskilja Herrens kropp, han äter och dricker en dom över sig (1 Kor. 11:27ff)

Utifrån det sista stället har man i den lutherska kyrkan alltid varit noga med att nattvardsgästerna skall anmäla sig i förväg till nattvarden. Prästen skulle se till att alla nattvards-gäster hade en rätt kunskap i trons huvudstycken. I regel skedde detta i samband med bikten, ofta dagen innan nattvardsgången. En orsak till anmälan var också att se till att utomstående inte deltog i nattvarden, som enbart är till för kyrkans rättroende medlemmar.

Felaktiga uppfattningar om nattvarden

Efter Luthers död kom tyvärr hans tidigare så trogne medarbetare *Melanchton (1497-1560)* att allvarligt förvränga den klara, bibliska läran om närvaron i nattvarden. På ett filosofiskt svårbegripligt sätt begränsade Melanchton närvaron till ätandet och drickandet. När Luthers trogna efterföljare, de s.k. *gnesiolutheranerna* (äktlutheranerna) hävdade att Kristi kropp och blod omedelbart blir närvarande genom konsekrationen (instiftelseordens läsande) och att det därför är tillåtet att tillbedja Kristi kropp och blod direkt efter konsekrationen, kallade Melanchton detta föraktfullt för *brödtillbedjan*. Under Luthers liv lärde Melanchton så i största hemlighet, men sedan framträdde han öppet. Luther förkastade givetvis tillbedjan av själva brödet, vilket vore avguderi. Men han tillbad direkt efter konsekrationen Kristi kropp och blod, som är närvarande i brödet och vinet enligt Jesu egna ord. Melanchton däremot ifrågasatte att man kunde veta att Kristus med sin kropp och sitt blod verkligen var närvarande redan genom konsekrationsorden. Därför avvisade han Luthers lära om konsekrationen och tillbedjan.

Melanchton menade också att det bröd och vin som blev över (s.k. reliqua) efter den sista nattvardsgästen bara var vanligt bröd och vin. När prästen *Wolferinus* tidigare hade fört fram en sådan uppfattning förkastade Luther den med skärpa. Om Wolferinus lärde så borde han gå till sina Zwinglianer istället, skriver Luther.[45]

En rätt biblisk lära om närvaron i nattvarden måste framhålla att Kristi kropp och blod blir närvarande redan i och genom konsekrationen, och att denna närvaro varar ända tills allt konsekrerat bröd och vin är förtärt. De trogna lutheranerna var liksom Luther själv mycket noga med detta. De såg det inte bara som ett fromt bruk utan som en nödvändig lära på grund av Jesu egna ord.

---

[45] Luther skrev två brev 1543 till Simon Wolferinus, kyrkoherde i Eisleben (WA Br. X, 336ff, 347ff). Se även se http://luk.se/Wolferinus.htm

Vår lutherska bekännelse betonar också att närvaron i nattvarden äger rum under *hela* nattvardshandlingen. Bekännelsen citerar Luther:

Även om jag över alla bröd uttalade orden: Detta är Kristi lekamen, så skulle ingenting följa därav. Men när vi i enlighet med hans instiftelse och befallning i nattvarden säger: Detta är min lekamen, så är det hans lekamen, icke för vårt tals eller våra maktords skull, utan på grund därav att han bjudit oss säga och göra så och bundit sin befallning och sitt handlande vid våra ord.[46]

Bekännelsen tar upp frågan om det rätta bruket och regeln att det inte är något sakrament utanför detta bruk. Man avser då sådana bruk som t.ex. att katolikerna firade mässan utan nattvardsgäster och att de bevarade det konsekrerade brödet för tillbedjan under lång tid efter måltiden.

Nu menade Melanchtons efterföljare, de s.k. *filippisterna* att det rätta bruket bara förelåg under själva ätandet och drickandet. Det var därför fel att lära att Kristi kropp och blod vore närvarande direkt efter konsekrationen. Mot detta säger bekännelsen:

Här betyder orden bruk eller handling inte närmast tron och inte heller ätandet med munnen, utan hela den yttre, synliga, av Kristus instiftade nattvardshandlingen, konsekrationen eller instiftelseorden, utdelandet och mottagandet eller ätandet med munnen av det välsignade brödet och vinet, Kristi lekamen och blod. Utanför detta bruk, när i den påviska mässan brödet icke utdelas, utan offras eller inlåses, bäres omkring eller framställs för att tillbedjas, bör det icke anses såsom något sakrament.[47]

Bekännelsen påpekar också att sakramentarierna (d.v.s. de reformerta) förvränger denna nyttiga regel för att förneka den sanna närvaron. De menade att det rätta bruket endast bestod i trons bruk då Kristus andligen var närvarande men inte kroppsligen.

Martin Chemnitz som var Konkordiebokens huvudförfattare försvarade energiskt Luthers lära om konsekrationen och

---

[46] FC SD, 7:78, SKB s. 623.
[47] FC SD, 7:86, SKB 624.

närvaron under hela nattvardshandlingen.[48] Men under 1600-talsortodoxin kom man tyvärr senare att lära att närvaron endast förelåg under själva ätandet och drickandet. Denna s.k. *receptionism* menade visserligen att konsekrationen var verksam, men först *i ätandets moment*. Detta var en allvarlig förändring av läran. Man gick därmed ifrån Luthers klart bibliska lära och man misstolkade också Konkordieformeln. Denna felaktighet övertogs tyvärr också av den amerikanska i övrigt strikt konfessionella lutherdomen (Walther, Pieper, Hoenecke)[49] och har kommit att prägla delar av både Missourisynoden och Wisconsinsynoden.[50] Lutherforskningen har nu klart visat att Luther utan tvekar lärde en närvaro direkt i och med konsekrationen.[51] I sin stora bekännelsen mot Zwingli[52] går Luther noga igenom vad Bibeln här lär. Det finns därför ingen anledning att hålla fast vid senortodoxins felaktiga syn i strid mot Bibelns och Luthers lära.

I fornkyrkan höll man noga fast vid att Kristi kropp och blod var närvarande i kraft av instiftelseorden. *Chrysostomos (347-407)* citeras av vår bekännelse när han säger:

Kristus dukar själv detta bord och välsignar det: ty ingen människa gör det framsatta brödet och vinet till Kristi lekamen och blod, utan blott Kristus själv, den för oss korsfäste, gör det. Ordet uttalas av prästens mun, men genom Guds kraft och nåd och det ord, som han talar: Detta är min lekamen, välsignas de framburna elementen i nattvarden.[53]

---

[48] Detta visas tydligt av Bjarne W. Teigen (1909-2004) i boken *The Lord's Supper in the Theology of Martin Chemnitz*, 1986.

[49] C.F.W. Walther (1811-1887), Franz Pieper (1852-1931), Adolf Hoenecke (1835-1908) var de främsta teologerna i den s.k. synodalkonferensen.

[50] Så citerar Adolf Hoenecke, Wisconsinsynodens lärofader, den lutherske senortodoxen Quenstedt (1617-1688) när han skriver: "Den sakramentala föreningen sker endast i utdelandet. Bröd och vin är inte bärare av Kristi kropp och blod innan de äts och dricks." *Ev.-Luth. Dogmatik, IV,* 1909, s. 127.

[51] Lutherforskaren Tom G.A. Hardt visar detta i sin avhandling *Venerabilis & Adorabilis Eucharistia*, Uppsala 1971.

[52] Huldrych Zwingli (1484-1531), Schweiz' reformator.

[53] FC SD 7:76, SKB 623.

En direkt förnekelse av Kristi kropps och blods närvaro i nattvarden kom först kring år 1000 med *Berengar av Tours*.[54] Högmedeltiden med *Thomas av Aquino (o. 1225-1274)* lärde en försvagad närvaro där endast Kristi kropps substans var närvarande[55]. Luther lärde en mera konkret och massiv närvaro av Kristi kropp och blod. Under reformationen var det Luthers medhjälpare *Carlstadt (1480-1551)* som började ifrågasätta närvaron, och sedan följde *Zwingli* och *Calvin* efter. De reformerta kyrkorna avvisar i deras efterföljd Kristi kropps och blods sanna närvaro i brödet och vinet. Därför har de inte heller någon rätt nattvard, även om de använder instiftelseorden. Eftersom de lägger in en falsk betydelse och lära i dessa ord är inte heller Kristi kropp och blod närvarande i deras s.k. nattvard.

På 1800-talet tvingade den preussiska överheten fram en union mellan lutheraner och reformerta. Så blev många kyrkor s.k. *unierade kyrkor*. Detta har sedan fortsatt inom den ekumeniska rörelsen. Man har försökte förena olika trosupfattningar med tvivelaktiga enhetsdokument.[56] Man använder många ord men erkänner själva att man inte ännu inte kommit fram till någon läromässig enighet. Resultatet har då bara blivit att förnekelsen av den sanna närvaron breder ut sig mer och mer.

I det s.k. *Lima-dokumentet* sägs det:

Som ett resultat av bibliska och patristiska studier, i förening med den liturgiska förnyelsen och behovet av ett gemensamt vittnesbörd, har en ekumenisk gemenskap uppstått, som ofta överskrider konfessionella gränser och i vars perspektiv tidigare skiljaktigheter nu får en ny belysning... Såsom framgår av Lima-texten har vi redan uppnått en anmärkningsvärd grad av överensstämmelse. Vi har förvisso ännu inte nått full "konsensus" (consentire), här förstådd som den livserfarenhet och

---

[54] Berengar av Tours levde o. 999-1008. Hans lära fördömdes av flera synoder, vilket ledde till att han drog sig tillbaka från det offentliga livet.

[55] Den s.k. transsubstatiationsläran fastställdes år 1215.

[56] T.ex. Lima-dokumentet Baptism, Eucharist and Ministry - Faith and Order paper No.111 (1982; "Dop, nattvard, ämbete").

trosartikulation, som är nödvändig för att förverkliga och vidmakthålla kyrkans synliga enhet (s. 14).

Den ekumeniska rörelsen lägger ut dimridåer genom sina enhetsdokument där alla konfessioner skall kunna känna igen sig. Där saknas framför allt viljan att entydigt presentera vad Bibeln lär i olika trosfrågor. Men Paulus skriver om den uppgift varje präst eller biskop har i kyrkan:

Han ska hålla sig till lärans tillförlitliga ord, så att han både kan förmana med sund undervisning och tillrättavisa motståndarna (Tit. 1:9).

Om detta skriver vår lutherska bekännelse:

För att bevara den rena läran och bibehålla en fast grundad och Gud behaglig endräkt i kyrkan är det nödvändigt att icke blott rätt driva den rena sunda läran, utan även tillbakavisa dem, som motsäger den och lär annorlunda (1 Tim. 3, Tit. 1). Ty trogna herdar bör, såsom Luther säger, dels föra sina får på bete och föda dem, dels skydda dem för ulvarna, så att de tar sig till vara för främmande röster (Joh. 10) och skiljer det kostbara från det värdelösa (Jer. 15).[57]

Och den Augsburgska bekännelsen slår fast att Kristi kropp och blod verkligen är närvarade genom orden:

Om Herrens nattvard lärs att Kristi sanna kropp och blod verkligen är närvarande i brödets och vinets gestalt i nattvarden och där delas ut och tas emot av dem som deltar. Därför förkastas också den motsatta läran och de som lär annorlunda.[58]

Och i Apologin heter det:

Kyrillus säger att Kristus räcks fram och ges i nattvarden. Ty så säger han: "Vi förnekar inte att vi andligen förenas med Kristus genom den rätta tron och rena kärleken. Men att vi inte alls skulle ha någon kroppslig förening med honom säger vi nej till och detta är också mot Skriften. Ty vem kan tvivla på att Kristus är vinstocken så att grenarna också får saft och liv från honom? Hör vad Paulus säger: 'Vi är alla en kropp i Kristus. Och fastän vi är många är vi dock ett i honom, ty vi äter alla av samma

---

[57] FC SD, sammanfattande begrepp 14, SKB s. 545.
[58] Övers. SR, SKB 60, Trigl 46.

bröd.' Menar du att vi inte vet om kraften i den gudomliga välsignelsen i nattvarden? Ty när denna sker gör han så att vi genom att ta emot Kristi kött och kropp också blir kroppsligen förenade med Kristus så att han bor i oss." Och vidare: "Därför måste vi lägga märke till att Kristus inte bara är i oss i en andlig enhet genom kärleken, utan att han är i oss också genom den naturliga gemenskapen, Vi talar om den levande kroppen som är närvarande, ty vi vet att Paulus säger "att döden inte längre råder över honom". [59]

I stora katekesen skriver Luther:

Vad är altarets sakrament? Svar: Det är Kristi sanna kropp och blod i och under brödets och vinets gestalt, vilket Kristus genom sitt ord har föreskrivit oss kristna att äta och dricka.

Vi sade om dopet att det inte bara utgörs av vatten. På samma sätt säger vi om nattvarden att den består av bröd och vin, men inte av sådant bröd och vin som man ställer fram på matbordet, utan ett bröd och vin som är omslutet av och bundet till Guds ord.

Det är ordet som är det grundläggande och utmärkande för detta sakrament. Därför utgörs det inte av bara bröd och vin utan även av Kristi kropp och blod. Det heter ju: "Accedat verbum ad elementum et fit sacramentum", dvs. "när ordet kommer ill det yttre tinget, blir det ett sakrament".

Detta uttalande av S:t Augustinus är så träffande och riktigt att han knappt har sagt något bättre. Ordet gör det materiella till ett sakrament, annars förblir det rätt och slätt materia. Det handlar inte om en furstes eller kejsares ord, utan om själva det gudomliga Majestätets ord och påbud. Inför det borde allt skapat falla ner på sina knän, erkänna att det är som han säger och ta emot orden med vördnad fruktan och ödmjukhet.

Med ordet kan du styrka ditt samvete och säga: "Även om hundra tusen djävlar och alla svärmare kommer och säger: 'Hur kan bröd och vin vara Kristi kropp och blod?', så vet jag att alla andar och lärda tillsammans inte ens är så kloka som det gudomliga Majestätet är i sitt lillfinger."

---

[59] Övers. SR, SKB 185, Trigl 246.

Kristus säger: "Tag och ät! Detta är min kropp. Drick av den alla! Detta är det nya förbundet genom mitt blod" osv. Vi håller fast vid dessa ord, och vi skulle vilja se den som kan mästra Kristus och tolka fram något annat ur det han har sagt.

Det må vara sant att om du tar bort ordet från nattvarden, har du bara vanligt bröd och vin kvar. Men om man tar orden tillsammans med brödet och vinet, som man ska göra, handlar det enligt ordens lydelse i sanning om Kristi kropp och blod. Så som Kristus säger, så är det. Han ljuger inte och han bedrar inte.[60]

Kristus erbjuder oss alla den skatt som han har fört med sig fån himmelen. Han försöker även på andra ställen kärleksfullt locka oss att ta emot den. I Matt. 11:28 säger han: "Kom till mig, alla ni som är tyngda av bördor; jag skall skänka er vila". När han uppmanar oss så innerligt att ta emot det som är vår största lycka, är det ju synd och skam av oss att förhålla oss så likgiltiga till det.

Vi avhåller oss från nattvarden så länge att vi blir kalla och förhärdade, tappar lusten att gå dit och förlorar kärleken till den. Men det går inte an att betrakta nattvarden som något skadligt som man helst bör hålla sig borta från. Den är tvärt om ett allt igenom hälsosamt och trösterikt läkemedel som hjälper oss och ger oss liv till kropp och själ. När själen blir frisk, har också kroppen fått hjälp. Varför förhåller vi oss då till nattvarden som till ett gift, varigenom man äter sig till döds?

Det må väl vara sant att de som ringaktar nattvarden och lever okristet, tar emot den till skada och fördömelse. För en sådan människa leder knappast något till nytta eller hälsa. Det är som med en sjuk som på trots äter och dricker sådant som läkaren har förbjudit honom.

Men den som känner sin svaghet, gärna vill bli kvitt den och längtar efter att få hjälp med det, ska använda nattvarden som ett verksamt medel mot det gift han bär inom sig. I sakramentet får du syndernas förlåtelse, uttalad av Kristi egen mun. Det för med sig Guds nåd och Ande, alla hans gåvor, skydd och kraft mot död, djävul och allt ont.[61]

---

[60] Martin Krauklis, Martin Luthers stora katekes, 1999, s. 153f, SKB 485, Trigl 754, 8-12.

[61] Krauklis, a.a., s. 162, SKB 492f, Trigl 766f, 66-70.

13. Kyrkan

Bibeln lär att Kristi kyrka utgörs av alla dem som av hjärtat tror på syndernas förlåtelse för Kristi skull. Denna sanna kyrka är osynlig, eftersom ingen annan än Gud kan se in i hjärtat. Men vi kan ändå veta var kyrkan finns, eftersom hennes kännetecken är ordet och sakramenten. Den sanna kyrkan kommer enligt Kristi löfte att finnas i alla tider intill den yttersta dagen.

Gud har gett kyrka och stat helt olika uppgifter och de skall därför vara åtskilda. Den kristna kyrkan skall akta sig för varje sammanblandning och endast hålla sig till sin uppgift att förkunna ordet och förvalta sakramenten.

Den bibliska grundtexten har samma ord för både kyrka och församling (*ekklesia*). Ordet betecknar dem som tror på Kristus och samlas kring ordet och sakramenten.

När Petrus som representant för apostlarna hade bekänt sin tro på Jesus som Messias, Kristus, fick han detta löfte:

Salig är du, Simon, Jonas son, för det är inte kött och blod som har uppenbarat det för dig, utan min Far i himlen. Och jag säger dig: Du är Petrus, och på denna klippa ska jag bygga min församling, och helvetets portar ska inte få makt över den (Matt. 16:17f).

Klippan som här talas om är inte Petrus person, utan hans ämbete som bär fram bekännelsen: "*Du är Messias, den levande Gudens Son.*" (*v. 16*). Så är Kristus själv den klippa som kyrkan vilar på. Alla kristna utgör tillsammans kyrkan, som vilar på den profetiska och apostoliska lärans grund där Jesus själv är hörnstenen:

Därför är ni inte längre gäster och främlingar, utan medborgare med de heliga och medlemmar i Guds familj. Ni är uppbyggda på apostlarnas och profeternas grund, där hörnstenen är Kristus Jesus själv. I honom fogas hela byggnaden samman och växer upp till ett heligt tempel i Herren, och i honom blir också ni sammanbyggda till en boning åt Gud genom Anden (Ef. 2:19-22).

Att den sanna kyrkan är osynlig framgår klart av Jesu egna ord:

Då Jesus blev tillfrågad av fariseerna om när Guds rike skulle komma, svarade han: "Guds rike kommer inte så att man kan se det med ögonen. Ingen ska kunna säga: Se, här är det, eller: Där är det. Nej, Guds rike är invärtes i er." (Luk. 17:20f)

Översättningen *"mitt ibland er"* är sämre, eftersom Jesus så klart framhåller att man *"inte kan se det med ögonen"*. Alla försök att göra Kristi kyrka till en synlig organism eller en yttre organisation strider mot Jesu egna, klara ord.

Jesus säger att fåren, de kristna, lyssnar på herdens röst. Det rena och klara ordet är Kristi röst. Där detta ljuder och lärs rätt är kyrkans är kännetecken. Jesus säger:

Jag är den gode herden. Jag känner mina får, och mina får känner mig, liksom Fadern känner mig och jag känner Fadern. Och jag ger mitt liv för fåren. Jag har också andra får som inte hör till den här fållan. Också dem måste jag leda, och de kommer att lyssna till min röst. Så ska det bli en hjord och en herde (Joh. 10:14ff).

Där Guds ord är verkar Gud tro så att vi kan vara säkra på att kyrkan finns där ordet förkunnas rent och klart. Profeten Jesaja skriver:

Liksom regnet och snön faller från himlen och inte återvänder dit utan vattnar jorden så att den blir fruktbar och grönskar och ger säd till att så och bröd till att äta, så ska det vara med ordet som går ut från min mun. Det ska inte komma tillbaka till mig förgäves utan att ha gjort vad jag vill och utfört vad jag sänt det till (Jes. 55:10f.).

Att sakramenten också är kännetecken på Kristi sanna kyrka beror på att även de enligt Guds ord meddelar nåd. Sakramenten skänker tron genom det rena evangeliet som de förmedlar. Därför är också sakramenten säkra kännetecken på att Kristi kyrka finns där sakramenten förvaltas i enlighet med Kristi instiftelse. Där människor döps, tar emot avlösningen och nattvarden, där är också Kristi kyrka.

Att kyrkan inte är en del av denna världen framgår tydligt av Jesu ord till Pilatus:

Mitt rike är inte av den här världen. Hade mitt rike varit av den här världen, skulle mina tjänare ha kämpat för att jag inte skulle utlämnas åt judarna. Men nu är mitt rike inte av den här världen (Joh. 18:36).

Överheten, dit staten hör, är också insatt av Gud (Rom. 13). Men överhetens uppgift tillhör denna världen. Överheten skall värna rättsstaten och se till att medborgarna där kan vara trygga. Detta är inte kyrkans uppgift. Den är inte av denna världen utan dess uppgift är att förkunna Guds ord och förvalta sakramenten så att människor förs till tro och blir evigt saliga.

När detta sker kommer också kristna människor i sina olika jordiska kallelser att verka för statens och samhällets bästa. Men kyrka och stat skall inte blandas samman. Staten och politikerna har inte någon uppgift att leda kyrkan eller blanda sig i dess verksamhet. Och kyrkan har ingen uppgift att föreskriva hur samhället skall styras. Kyrkan skall visserligen också förkunna lagen och även bestraffa synden hos överhetspersoner genom att tydligt framhålla vad lagen och tio Guds bud lär. Men i politiska frågor om hur landet bäst skall styras m.m. skall förnuftet och den naturliga lagen råda och inte evangeliet. Här kan ofta icke-kristna personer vara klokare än de kristna. *Lagen* skall förkunnas för alla människor så att de förstår att de är syndare. Sedan skall *evangeliet* förkunnas för alla som är bekymrade för sin synd och visa dem vägen till himlen genom tron på Kristus. Detta är kyrkans uppgift.

Kyrkan beskrivs i Bibeln som Kristi kropp. Detta visar hur innerligt varje kristen är förenad med sin Herre genom dopet och tron.

Och han är huvudet för sin kropp, församlingen. Han är begynnelsen, den förstfödde från de döda, för att han i allt skulle vara den främste. Gud beslöt att låta hela fullheten bo i honom och genom honom försona allt med sig själv, sedan han skapat frid i kraft av blodet på hans kors – frid genom honom både på jorden och i himlen (Kol. 1:18ff).

Vi ser också av detta viktiga ställe hur Kristi försoning står i centrum i den kristna kyrkan. Aposteln Johannes beskriver också den innerliga, kristna gemenskapen:

Det som var från begynnelsen, det vi har hört, det vi med egna ögon har sett, det vi har skådat och rört med våra händer, om detta vittnar vi: Livets Ord. Livet har uppenbarats, vi har sett det och vittnar om det och förkunnar för er det eviga livet, som var hos Fadern och uppenbarades för oss. Det vi har sett och hört förkunnar vi för er, för att också ni ska ha gemenskap med oss. Och vår gemenskap är med Fadern och hans Son Jesus Kristus (1 Joh. 1:1ff).

Alla kristna har gemenskap med Fadern genom Jesu försoningsverk och tron på honom. De har fått sina synder förlåtna och har därmed också fått den helige Ande. Därför har alla kristna en innerlig gemenskap både med Gud och med varandra.

I denna världen lever kyrkan ofta i stor nöd och betryck. Dess fiender är djävulen, världen och de kristnas egen onda natur, "köttet". Men Jesus försäkrar att han är med sin kyrka och bevarar den alla dagar intill tidens ände. Han säger:

Se, jag är med er alla dagar till tidens slut (Matt. 18:20).

Var inte rädd, du lilla hjord, för er Far har beslutat att ge er riket (Luk. 12:32).

Detta har jag sagt er för att ni ska ha frid i mig. I världen får ni lida, men var frimodiga: jag har övervunnit världen. (Joh. 16:33).

Var nyktra och vakna. Er fiende djävulen går omkring som ett rytande lejon och söker efter någon att sluka. Stå emot honom, orubbliga i tron, och tänk på att era bröder här i världen går igenom samma lidanden. Efter en liten tids lidande ska all nåds Gud, som har kallat er till sin eviga härlighet i Kristus, upprätta, stödja, styrka och befästa er. Hans är makten i evighet. Amen (1 Petr. 5:8-11).

Jag kommer snart. Håll fast vid det du har så att ingen tar din krona (Uppb. 3:11).

Då ska Kungen säga till dem som står på hans högra sida: Kom, ni min Fars välsignade, och ta emot det rike som stått berett för er sedan världens skapelse (Matt. 25:34).

Gud vet precis vilka människor som tillhör den sanna, osynliga kyrkan. Det står ju:

Men Guds fasta grund består och har detta sigill: Herren känner de sina (2 Tim. 2:19).

Aposteln Petrus försäkrar också att Gud alltid kommer att uppehålla sin kyrka. Han skriver:

Det står ju i Skriften: Se, jag lägger i Sion en utvald, dyrbar hörnsten, och den som tror på den ska aldrig komma på skam (1 Petr. 2:5). De sanna kristna är de som i tro och förtröstan håller sig till sin Frälsare. De tror på hans ord och brukar hans heliga sakrament. De ropar till honom i bönen och tackar honom för allt. De väntar också på Kristi snara återkomst, då de för evigt skall få vara med honom med uppståndna kroppar i himmelen.

Felaktiga uppfattningar om kyrkan

I fornkyrkan fanns många sekter som inte rent och klart bekände sig till Bibelns lära. Genom att de t.ex. förnekade Kristi sanna gudom hade de inte kyrkans rätta kännetecken.

Under medeltiden växte tanken på kyrkan som en yttre organisation med påven i spetsen fram. Läran om att kyrkan skulle bygga på Petrus och alla hans efterföljande biskopar i Rom är obiblisk. Påven i Rom är bara en biskop bland andra biskopar. Tolkningen att Jesus med sina ord i Matt. 16:18 skulle syfta på att Petrus och hans efterföljare i Rom skulle leda kyrkan för all framtid är ohållbar. Klippan som Jesus talar om är Petrus bekännelse att Jesus är Messias, Guds Son. Denna klippa finns överallt i världen där kristna människor bekänner vad Guds ord lär om Jesus. Den sanna kyrkan är inte bunden till någon viss ort eller person. Ännu värre blir det när påven ställer den kristna traditionen vid sidan av Skriften som en särskild kunskapskälla för tron. Dessutom förklarar påven att hans egna uttalanden i lärofrågor är ofelbara.[62]

Martin Luther hade därför rätt när han i påvedömet igenkände den store Antikrist, som är förutsagd av aposteln Paulus i 2 Tess. 2:1-11. Genom sin falska lära visar sig påven vara *"laglöshetens människa, fördärvets son, motståndaren som förhäver sig över allt som kallas gud eller heligt så att han sätter sig i Guds tempel och säger sig vara Gud"* (v. 3-4).

---

[62] Dogmen om påvens ofelbarhet proklamerades av Första Vatikankonciliet år 1870 men fanns redan tidigare i den medeltida teologin.

Dagens romersk-katolska kyrka håller fast vid alla sina gamla villfarelser och har genom det andra Vatikankonciliet (1962-65) gått ännu längre i villfarelsen.[63] Den moderna, ekumeniska rörelsen har också en falsk uppfattning om kyrkan. Man ser kyrkan som en yttre organisation, där yttre enhet sägs vara den enhet som Jesus talar om i Johannes 17 kapitel. Jesus ber där till sin Fader med orden:

Jag ber att de alla ska vara ett, och att de ska vara i oss liksom du, Far, är i mig och jag i dig. Då ska världen tro att du har sänt mig (Joh. 17:21)

Men Fadern hörde och uppfyllde denna Jesu bön omedelbart. Alla sanna kristna har i alla tider haft den sanna bibliska, andliga enheten som Johannes beskriver med orden:

Vår gemenskap är med Fadern och hans Son Jesus Kristus (1 Joh. 1:3).

Denna enhet bygger på apostlarnas ord. Jesus säger: *Helga dem i sanningen: ditt ord är sanning* (Joh. 17:17). Jesus ber för dem som kommer till tro genom det apostoliska ordet: *Men jag ber inte bara för dem, utan också för dem som kommer att tro på mig genom deras ord* (Joh. 17:20).

Den ekumeniska tanken att alla kyrkor skall gå samman i en yttre organisation för att världen skall kunna tro är både obiblisk och antikristisk. Istället för att världen därigenom kommer till tro ställs den inför en förvirrande blandning av olika läror och konfessioner. För att inte deras oenighet skall lysa fram åstadkommer man förvillande enhetsdokument som skall visa att man steg för steg närmar sig den slutgiltiga enheten.

Men det är precis tvärtom. Genom att på detta sätt blanda samman olika läror och konfessioner, som strider mot varandra åstadkoms bara ett ännu värre Babel än på den tid då Gud förbistrade språken, när människorna i sitt högmod vill bygga Babels torn ända upp till himmelen (1 Mos. 11). Babel står i Bibeln för förvirring och avfall. Den moderna ekumeniska

[63] Se Tom Hardt, Roms nya religion, Kyrkligt Forum nr 1/94.

rörelsen visar ett uppenbart förakt för Guds ord och den bibliska sanningen. Inom sig har den också många bibelförnekande teologer, som menar att Bibeln är full med fel och brister och motstridiga uppfattningar. Den moderna ekumenismens kyrkosyn betecknar därför precis som den romerskkatolska ett stort avfall från den bibliska tron.

Bekännelsen

Augsburgska bekännelsen har två mycket viktiga artiklar om kyrkan, nr 7-8. Där heter det:

CA 7. Om kyrkan.

Det lärs också att det måste finnas en helig, kristen kyrka i alla tider och att den alltid skall bestå. Kyrkan är församlingen av alla troende, där evangelium predikas rent och de heliga sakramenten utdelas i enlighet med evangeliet. Det är nog för den kristna kyrkans sanna enhet att evangelium predikas i enighet med rätt förståelse och att de heliga sakramenten utdelas enligt det gudomliga ordet. Men för kyrkans sanna enhet är det inte nödvändigt att man överallt har likadana ceremonier eller kyrkliga bruk, som människor har inrättat. Paulus säger ju: "En kropp och en Ande, liksom ni kallades till ett och samma hopp vid er kallelse, en Herre, en tro, ett dop" (Ef. 4:5f).

Vi ser här hur den bibliska läran om att kyrkan är osynlig men har synliga kännetecken betonas. Enheten ligger i att Guds ord lärs rent och klart, men inte i yttre traditioner och ordningar.

CA 8. Vad kyrkan är.

Den kristna kyrkan är egentligen ingenting annat än församlingen av alla troende och heliga. Men i detta livet finns det ändå många falska kristna och hycklare, och det finns även sådana som syndar öppet bland de fromma. Så har sakramenten ändå sin kraft även om de präster som räcker fram dem inte är fromma. Ty Kristus själv säger: "På Moses stol har fariséerna satt sig", o.s.v. (Matt. 23:2). Därför fördöms donatisterna och alla andra som lär annorlunda, t.ex. sådana, som förnekar att ämbetet är ogiltigt och utan verkan om det förvaltas av icke-troende präster.[64]

Den egentliga kyrkan är alla sant troende. Men bland dessa finns även hycklare. Det är här inte fråga om falska lärare, som ju skall uteslutas ur kyrkan. Tonvikten ligger på att kyrkans handlingar är verksamma trots att hycklare finns där.

I apologin till dessa artiklar står det:

Men den kristna kyrkan består inte bara av en gemenskap med yttre kännetecken, utan framför allt av den inre gemenskapen i hjärtat. Där får vi de eviga gåvorna, den helige Ande, tron, fruktan och kärlek till Gud. Men denna kyrka har också yttre tecken, som man kan känna igen den på. Där Guds ord förkunnas rent och sakramenten förvaltas i enlighet med detta, där är med visshet kyrkan. Där är de kristna och denna kyrka ensam kallas i Skriften för Kristi kropp. Ty Kristus är dess huvud och han helgar och stärker den genom sin Ande, som Paulus säger till efesierna: "Honom som är huvud över allting gav han till församlingen som är hans kropp, fullheten av honom som uppfyller allt i alla" (Ef. 1:22f).[65]

Därför drar vi slutsatsen enligt den heliga Skrift att den rätta, kristna kyrkan är den hop som finns här och där i världen och som i sanning tror på Kristi evangelium och har den helige Ande. Vi bekänner dock att så länge detta livet på jorden varar finns det många hycklare och onda människor i kyrkorna bland de rätta kristna. De är medlemmar av kyrkan när det gäller de yttre kännetecknen. De innehar ämbeten i kyrkan, de predikar och förvaltar sakramenten och bär kristna titlar och namn. Men sakramenten, dopet o.s.v. blir inte utan verkan eller kraft på grund av att de förvaltas av ovärdiga och ogudaktiga. Ty för kyrkans kallelses skull finns sådana där och inte för sin egen persons skull utan som Kristi representanter som han själv säger: "Den som hör er, han hör mig" (Luk. 10:16). Så kallades också Judas att predika. När nu ogudaktiga predikar och räcker fram sakramentet så gör de det i Kristi ställe. Detta lär oss Kristi ord så att vi i ett sådana fall inte skall låta tjänarnas ovärdighet föra oss vilse.[66]

---

[64] Övers. SR, SKB 59, Trigl 46.
[65] Övers. SR, SKB 175, Trigl 226, 5f.
[66] Övers. SR, SKB 179, Trigl 234, 28.

14. Kyrkogemenskapen

Vi tror att de kristna skall hålla sig till kyrkor och församlingar, där Guds ord förkunnas rent och klart i alla stycken och där sakramenten förvaltas enligt Kristi instiftelse. Bibeln lär att de kristna skall ta sig till vara för all blandning av sann och falsk lära och inte ha någon kyrkogemenskap med falska lärare eller med samfund som inom sig lär eller tolererar villfarelse.

Bibeln säger:

Akta er för de falska profeterna. De kommer till er i fårakläder, men i sitt inre är de rovlystna vargar. På deras frukt ska ni känna igen dem (Matt. 7:15f).

Jag uppmanar er, bröder, att se upp för dem som skapar splittring och väcker anstöt mot den lära som ni har fått undervisning i. Håll er borta från dem, för sådana människor tjänar inte vår Herre Kristus utan sin egen buk, och med fina ord och vackert tal bedrar de godtrogna människor (Rom. 16:17f).

I vår Herre Jesu Kristi namn uppmanar jag er, bröder, att ni alla ska vara eniga i det ni säger och inte låta splittring finnas bland er, utan stå enade i samma sinne och samma mening (1 Kor. 1:10).

Gå inte som omaka par i ok med dem som inte tror. Vad har rättfärdighet med orättfärdighet att göra? Eller vad har ljus gemensamt med mörker? Vilken samstämmighet har Kristus med Beliar? Eller vad kan den som tror dela med den som inte tror? Vad kan Guds tempel ha för gemenskap med avgudarna? Vi är den levande Gudens tempel, för Gud har sagt: Jag ska bo hos dem och vandra bland dem och vara deras Gud, och de ska vara mitt folk. Därför säger Herren: Gå ut från dem och skilj er från dem, och rör inte vid något orent. Då ska jag ta emot er, och jag ska vara er Far och ni ska vara mina söner och döttrar, säger Herren den Allsmäktige (2 Kor. 6:14-18).

Gör allt ni kan för att bevara Andens enhet genom fridens band: en kropp och en Ande, liksom ni kallades till ett hopp vid er kallelse, en Herre, en tro, ett dop, en Gud som är allas Far, han som är över alla, genom alla och i alla (Ef. 4:3-6).

Se till att ni inte förlorar det vi har arbetat för utan får full lön. Den som går vidare och inte blir kvar i Kristi lära, han har inte Gud. Den som blir kvar i hans lära, han har både Fadern och Sonen. Om någon kommer till er och inte har med sig denna lära ska ni inte ta emot honom i ert hem eller hälsa honom välkommen. Den som välkomnar en sådan gör sig medskyldig till hans onda gärningar (2 Joh. v. 8-11).

Är det min sak att döma de utomstående? Är det inte dem som är innanför ni ska döma? De utomstående ska Gud döma. Driv bort från er den som är ond! (1 Kor. 5:12f).

I enlighet med ovanstående bibelord skiljer vi mellan *ortodoxa* (renläriga, rätta) och *heterodoxa* (villfarande, falska, irrläriga) kyrkor. En villfarande kyrka kallas också för en *sekt*, oberoende av om den är stor eller liten. I en ortodox kyrka förkunnas bara Guds rena och klara ord utan någon villfarelse. I heterodoxa kyrkor blandas sanning och lögn.

Enligt Guds ord skall de kristna inte stå samman med några villolärare eller tillhöra kyrkor där villolära accepteras eller tolereras. Detta är oberoende av om dessa kyrkor formellt har en rätt bekännelse eller ej. Om kyrkans officiella bekännelse är falsk är det ju redan därmed uppenbart att kyrkan i fråga är heterodox. Men om bekännelsen är rätt kan det ändå vara så att en kyrka inom sig har falska lärare och tolererar falsk lära. En kristen kan då inte stå kvar i en sådan kyrka. Han skall enligt Jesu och apostlarnas uppmaning "akta sig", "hålla sig borta från dem", "inte gå i ok med dem" utan "gå ut från dem","inte ta emot dem", "inte göra sig medskyldig till deras onda gärningar". Detta är ett Guds bud som kräver vår lydnad precis som andra bud i Guds lag.

En annan situation är det om det i en ortodox kyrka tillfälligt kommer in eller dyker upp villfarelse och falska lärare. Då skall de trogna kristna göra allt för att driva ut dem. Paulus skriver ju: *Driv bort från er den som är ond!* (1 Kor. 5:13). Så länge kyrkan lyder detta bud och driver ut falska lärare förblir hon en ortodox, rättrogen kyrka. Men om en kyrka inte driver ut de falska lärarna utan låter dem fortsätta med sin undervisning visar sig kyrkan därmed ha blivit heterodox och falsk. Trogna kristna måste då lämna en sådan kyrka enligt Guds ord.

Under reformationen och ortodoxin höll man troget fast vid läran om kyrkogemenskapen. Så var det också i fornkyrkan. Trogna kristna fick inte tillhöra en villfarande kyrka och villolärare fick inte vara kvar i den rättroende kyrkan. Därför var splittringen stor under de första århundradena. Bilden av en enhetskyrka ända fram till tusentalet, då den romersk-katolska och den grekisk-ortodoxa kyrkan splittrades, är djupt felaktig. Sanningen är att det fanns en mängd olika sekter och samfund under de första århundradena. Den rättrogna kyrkan höll noga fast vid Bibelns lära om kyrkogemenskapen vilket gjorde det omöjligt för dem att stå samman eller samverka med sekterna. Även de andra samfunden ansåg det omöjligt att stå samman om man inte hade samma lära.[67]

Kyrkogemenskapen omfattar alla former av kristen gemenskap, t.ex gemensam förkunnelse, gemensam nattvard, bikt, dop, bön och liturgi. Bibelns förbud mot samverkan med falska lärare är generellt och gäller alla former av andlig gemenskap. Jesus och apostlarna specificerar inte olika slags gemenskap utan säger allmänt att vi inte skall ha gemenskap med dem som lär falskt och deras kyrkor. Om de första kristna står det: *De höll troget fast vid apostlarnas undervisning och vid gemenskapen, brödsbrytelsen och bönerna* (Apg. 2:42). De trogna kristna kunde därför inte delta i falska kyrkors undervisning, gemenskap, nattvard och böner. Om de gjorde det blev de medskyldiga till den falska kyrkans synd.

Det måste här framhållas att all falsk lära är synd, oberoende om den förnekar de grundläggande lärorna om Gud, frälsningen, Kristi verk och person, eller om det t.ex. är fråga om förnekelse av skapelsen eller av Kristi närvaro i nattvarden. Paulus skriver: *Lite surdeg syrar hela degen* (Gal. 5:9).

---

[67] Se Martin Wittenberg, Kyrkogemenskap och nattvardsgemenskap, 2019 och Tom G.A. Hardt, Kyrkogemenskap i fornkyrkan och i den lutherska kyrkan, 1996.

Detta ord från GT syftade på att påskalammet måste ätas tillsammans med osyrat bröd. Paulus tillämpar det på den kristna läran. Det står:

Under sju dagar får ingen surdeg finnas i era hus. Var och en som äter något syrat ska utrotas ur Israels församling, vare sig han är främling eller infödd. Inget syrat ska ni äta. Var ni än bor ska ni äta osyrat bröd (2 Mos. 12:19f)

Den kristna läran får inte blandas upp med någon enda falsk lära. En sådan lära sprider sig som en cancer eller en kallbrand. Det är som ogräset som måste tas bort innan det växer sig starkt. Så skall en rätt kristen kyrka noga se till att ingen falsk lära kommer in. När vissa falska lärare kom in i kyrkan i Galatien och började kräva omskärelse av de hednakristna skriver Paulus:

Jag är förvånad att ni så fort överger honom som har kallat er genom Kristi nåd och vänder er till ett annat evangelium, fast det inte finns något annat. Det är bara några som skapar förvirring bland er och vill förvränga Kristi evangelium. Men även om vi själva eller en ängel från himlen skulle ge er ett annat evangelium än det vi har predikat, så ska han vara under förbannelse. Det vi redan har sagt säger jag nu igen: om någon ger er ett annat evangelium än det ni har tagit emot, så ska han vara under förbannelse (Gal. 1:6-9).

Läran om kyrkogemenskap är till för att Kristi kyrka skall skyddas mot varje villfarelse. De som är präster har en särskild uppgift att vederlägga och avvisa all falsk lära. Men också vanliga kristna skall pröva läran och se till att inte deras präster lär falskt. Om så ändå sker skall lekmännen i församlingen avsätta prästen och *exkommunicera* (driva ut) honom. Det är deras skyldighet som kristna. Men om de kristna inte lyder detta bud förstörs kyrkan inifrån genom den falska läran, som alltid växer sig starkare när tiden går. Så har många trogna, ortodoxa kyrkor med tiden blivit villfarande.

Här måste också betonas att det även i villfarande kyrkor kan finnas Guds barn, sanna kristna. Men det vore fel att för deras skull stanna kvar i en heterodox kyrka. Tvärtom bör varje kristen med sitt exempel och föredöme visa de troende som står kvar i den falska kyrkan att dessa står på fel plats och att även de borde lämna den falska kyrkan. Genom att stanna kvar utsätter de sig själv för själafara på grund av den falska läran.

Johannes skriver:

Älskade broder, följ inte dåliga exempel utan goda. Den som gör det goda tillhör Gud. Den som gör det onda har inte sett Gud (3 Joh. 1:11).

Jakob skriver:

Bröder, ta profeterna som talade i Herrens namn till föredömen i att lida och vara tåliga (Jak. 5:10).

Och Paulus skriver:

Bröder, ta mig till föredöme och se på dem som lever efter den förebild ni har i oss (Fil. 3:17).

Följ mitt exempel liksom jag följer Kristi exempel (1 Kor. 11:1).

Felaktiga uppfattningar om kyrkogemenskapen

Fornkyrkan höll som vi sett noga fast vid läran om kyrkogemenskapen. Men när kyrkan blivit accepterad av staten blev detta allt svårare. Många kejsare krävde att deras länder skulle vara enhetliga i fråga om religionen och så blev de avvikande utsatta för svåra förföljelser. I regel kom detta att innebära att de stora landskyrkorna visserligen formellt höll fast vid sin bekännelse, men att man samtidigt inom kyrkan tolererade olika "åsikter". Så hade t.ex. de olika munkordnarna sina egna uppfattningar som ofta stred mot andra ordnars åsikter.

I princip höll man dock fast vid att alla som tillhörde kyrkan måste ha *samma lära*. När Luther under reformationen protesterade mot påvens villfarelse ledde detta därför med nödvändighet till en kyrkosplittring. Båda parter såg den andra som villfarande och de kunde inte ha kyrkogemenskap med varandra. Detta gällde också de reformerta. Luther vägrade att ha kyrkogemenskap med Zwingli på grund av att han förnekade Kristi kropps närvaro i nattvarden.

Men de reformerta själva hade en annan syn. De ville stå samman med Luther *trots* olika läror. Detta har allt sedan dess kännetecknat de reformerta kyrkorna. De menar att man trots olika lärouppfattningar i vad de menar vara *"mindre viktiga frågor"* ändå kan stå samman och ha kyrkogemenskap. Men den lutherska kyrkan avvisar detta utifrån de klara och tydliga bibelställen som vi har sett ovan. Denna uppfattning att man kan ha kyrkogemenskap trots olika läror kallas *unionism*. På 1800-talet genomdrevs unionistiska sammanslagningar av lutherska och reformerta kyrkor av den preussiska staten med början vid reformationsjubiléet 1817. Stora kyrkor blev efter hand unionistiska. Detta har sedan med alltmer ökad acceleration fortsatt in i vår egen tid.

Som vi har sett tidigare var redan pietismen på 1700-talet unionistisk med greve Zinzendorff och herrnhutismen i spetsen. På 1800-talet växte så den s.k. *evangeliska alliansen* fram, vilken var en föregångare till dagens ekumenism. År 1846 hölls den första internationella allianskonferensen med deltagare från ett femtiotal samfund. *"Man ville inför all världen manifestera den redan förefintliga inre enheten mellan de av den evangeliska väckelsen berörda individerna inom alla protestantiska kyrkor och fromhetsriktningar."*[68] Som grund antog man ett tiotal läropunkter. Denna bas skulle vara vid nog för att inrymma "det stora flertalet verkligt kristna" men "snäv nog för att utestänga sådana som kunde tänkas hindra eller försvaga Alliansen i dess strävanden."[69]

Vad man inte förstod var att Bibeln kräver enighet i *alla* läropunkter. Alliansens godtyckliga uppdelning mellan "vid nog" och "snäv nog" är både obiblisk och omöjlig. Var skall gränserna gå? Vilka samfund skall anses tillräckligt kristna för att få vara med, och vilka måste utestängas? Detta har alltid varit unionismens stora problem. Man önskar biblisk enighet men försöker att åstadkomma den med mänskliga, godtyckliga

---

[68] Ernst Newman, Evangeliska alliansen, Lund 1937, s. 54.
[69] Newman, a.a. s. 57.

medel. Detta är dömt att misslyckas, vilket också tydligt framgår av den evangeliska alliansens fortsättning inom den ekumeniska världskyrkorörelsen. De flesta kyrkor har idag tyvärr övergivit Bibelns lära om kyrkogemenskapen. Majoriteten av kyrkorna är med i Kyrkornas Världsråd med dess blandning av olika läror och det stora flertalet församlingar bedriver också unionism på lokalplanet.

Den romersk-katolska kyrkan ställer sig ännu vid sidan av ekumenismen och har bara *interkommunion* (gemensam nattvard) katolska församlingar emellan. Men i praktiken har Rom släppt in unionismen i sin egen kyrka. Liksom tidigare förekommer vitt skilda åsikter inom Roms väldiga kyrka. Man tolkar påvens yttranden olika och de flesta teologerna har sedan lång tid tillbaka accepterat bibelkritiken och den modernistiska teologin.

Inom den lutherska kyrkan är läget om möjligt ännu värre. Det *lutherska världsförbundet* är en del av den ekumeniska rörelsen och håller inte längre troget fast vid sin egen lära. Lutherska kyrkor har också ingått kyrkogemenskap med kyrkor som är reformerta i sin bekännelse, t.ex. Anglikanska kyrkan.

De kyrkor som håller fast vid den bibliska läran om kyrkogemenskapen är de konfessionellt lutherska kyrkorna, som utgör en liten minoritet. Men även bland dessa finns tyvärr felaktiga uppfattningar och inte sällan en vacklande hållning. Det är få kyrkor som håller fast vid den strikta hållning som kännetecknade reformationen och ortodoxin och de konfessionella kyrkorna inom den äldre amerikanska lutherdomen *(Synodalkonferensen)* på Walthers och Piepers tid.[70]

Sedan den tidigare så strikta synodalkonferensen efter Piepers död 1931 steg för steg gled bort från sin tidigare klara ställning har tyvärr enheten bland konfessionellt lutherska kyrkor upphört. Särskilt gäller detta läran om kyrkogemen-

---

[70] Synodalkonferensen bestod av flera bekännelsetrogna, lutherska kyrkor med Missourisynoden och Wisconsinsynoden i spetsen samt deras systerkyrkor över hela världen. Synodalkonferensen varade 1862-1967.

skapen. För att kunna återvinna enigheten bör några felaktiga uppfattningar rättas till. Nödvändigt är då att detta sker utifrån Bibelns klara lära om kyrkogemenskapen och inte utifrån mänskliga överväganden om vilka praktiska konsekvenser som skulle följa om man på allvar tillämpade vad Bibeln lär.

1. Felaktiga triangelförhållanden

Somliga menar att man kan stå kvar i ett så kallat *triangelförhållande* där en villfarande kyrka ingår. Om t.ex. kyrka A står i gemenskap med kyrka B och B med kyrka C så innebär detta ett triangelförhållande. Alla tre står då i en faktisk kyrkogemenskap. Om nu t.ex. kyrka C lär falskt och B vägrar att bryta med C kan inte A stå kvar i denna triangel om A vill bevara sin rättrogna ställning.

2. Förhoppningen att villfarelsen försvinner

Vissa menar att man kan stå kvar i en villfarande kyrka så länge man hyser *förhoppning* om att villfarelsen skall försvinna. Men Jesus och apostlarna lär inte så. När falsk lära är konstaterad och kyrkan i fråga inte driver ut den utan bara låter tiden gå, är det fel att stå kvar med hänvisning till hoppet. Vi skall givetvis alltid bedja och *hoppas* att en falsk kyrka skall komma till insikt. Men kyrkogemenskapen skall inte byggas på *hoppet* utan på den *objektivt* konstaterade villfarelsen. Om den inte drivs ut måste de trogna bryta med den falska kyrkan. Även därefter bör de ju hoppas och bedja att en förbättring skall ske.

3. Villfarelsens storlek

Andra menar att villfarelsen måste nå en viss höjd innan den blir så allvarlig att man måste lämna den falska kyrkan. De skiljer då mellan falska läror som man trots allt kan stå samman med och sådana allvarligare irrläror eller heresier som man inte kan stå samman med. Men detta strider mot Bibelns klara ord om att vi skall ta oss tillvara även för den lilla

surdegen. Vi kan här erinra oss Luthers hållning gentemot
Zwingli. Vid samtalen i Marburg kom man överens om 14
punkter av 15. Och även i den sista punkten om nattvarden
var man överens i två av tre saker. Zwingli räckte då fram
brodershanden till Luther och önskade att de inte skulle gå i
sär på grund av denna enda skillnad (Kristi kropps och blods
närvaro). Men Luther blev då mycket upprörd och sade: *Ni har
en annan ande än vi!* Han menade att de som går samman trots
läroskillnader visar förakt för sanningen.[71]

4. Att isolera villolärarna inom kyrkan

En del menar att man visserligen skall undvika och isolera
de falska lärarna, men att detta kan göras *inom* den existerande
kyrkogemenskapens ram. Man undviker så att samarbeta med
dem som lär falskt, men man driver inte ut dem ur kyrkan.
Följden blir att kyrkans läromässiga enhet försvinner, trots att
Gud har befallt den. Även om man inom den egna kyrkan
försöker att isolera de falska lärarna och inte besöker deras
gudstjänster och undviker att samarbeta med dem så långt det
är möjligt, så är de ju likväl fortfarande accepterade som
präster i kyrkan och tillåts att sprida sin villfarelse inom denna.
Genom att tillåta de falska lärarna att stå kvar får de ju
möjlighet att påverka kristna inom den egna kyrkan och deras
parti får växa fritt. Så kommer olika läror att tillåtas sida vid
sida. De som tillåter en sådan situation bryter uppenbart mot
Guds bud om kyrkogemenskapen.

Detta skall dock skiljas från *en rätt bekännelsekamp* (status
confessionis) då man i kyrkan på allvar kämpar för att driva ut
uppdykande villoläror. Under den tid detta pågår skall alla
rättrogna kristna vägra all samverkan med dem man
bekämpar. Om så Gud gör striden lyckosam har man lyckats
bevara kyrkans rättrogenhet. De kristna får därför inte undvika
nödvändiga lärostrider. Dessa är befallda av Gud som har
befallt oss att ta oss till vara för alla falska lärare.

---

[71] Se Julius Köstlin, Luthers Leben, 10:e uppl. 1892, s. 426.

5. Selektiv kyrkogemenskap

Andra menar att man visserligen skall undvika all gemenskap med villolärarna, men att man kan utöva kyrkogemenskap med vissa av deras åhörare eller med sådana av deras medlemmar som inte håller med dem. Detta brukar man kalla "selektiv kyrkogemenskap". Man tillåter att kyrkogemenskap utövas med vissa medlemmar av en falsk kyrka men inte med andra. Det kan t.ex. vara så att man i en rättrogen kyrka tillåter medlemmar från en villfarande kyrka att delta i nattvarden, eller att man tillåter präster från en sådan kyrka att predika i den egna, rättrogna kyrkan. Även detta blir en selektiv kyrkogemenskap, där man tar emot sådana medlemmar eller präster som man bedömer vara bättre än de falska lärarna. För den som tänker efter blir det uppenbart att sådana kompromisser leder till att även den ortodoxa kyrkan blir indragen i en felaktig kyrkogemenskap som strider mot Guds bud. Sådana mottagna medlemmar och präster står ju kvar i en kyrka där falsk lära lärs eller tolereras. Hur kan vi då ta emot dem och utöva kyrkogemenskap med dem som om allt vore väl? Vilka bibelställen tillåter att vi gör sådana undantag från Guds befallning att ta oss till vara för de falska lärarna?

6. Olika former av kyrkogemenskap

Till sist skall nämnas att somliga menar att olika former av kyrkogemenskap skall bedömas olika. Vi brukar skilja mellan *predikstolsgemenskap*, *nattvardsgemenskap* och *bönegemenskap*. Somliga menar då att predikstols- och nattvardsgemenskap är utesluten men däremot inte bönegemenskap. Men en sådan skillnad är ohållbar. Även bönen och gudstjänstens liturgi är en del av kyrkogemenskapen. Om man inte kan gå till nattvarden tillsammans med vissa personer kan man inte heller bedja tillsammans med dem. Jesus och apostlarna skiljer inte mellan olika *former* av kyrkogemenskap. Samma bud gäller för all slags kristen gemenskap. Så länge vi inte är ett i tro, lära och bekännelse skall vi inte utöva någon form av kyrkogemenskap.

En annan sak är det att vi gärna inbjuder utomstående till våra gudstjänster. Men de kommer då som gäster oberoende av vilken trosuppfattning de har. Vi inbjuder dem inte att *utöva* kyrkogemenskap med oss förrän vi är helt överens i läran. Vi inbjuder ju också sådana som kanske är ateister eller har en främmande religion. Vi vill nå dem med Guds ord och om möjligt föra dem till Kristus. De är välkomna att som gäster närvara och lyssna på predikan och närvara under hela liturgin. Men de kan inte delta i nattvarden och vi ber inte tillsammans *med* dem utan *för* dem. Hur de gör privat är deras sak. Men vi lär att hela gudstjänsten är de rättrognas egen gudstjänst.

Om vi själva någon gång besöker en gudstjänst i en främmande kyrka som vi inte står i kyrkogemenskap med för att se hur det går till där deltar vi inte *aktivt* i denna utan är då själva passiva åhörare. Så gjorde t.ex Luther någon gång i den katolska kyrkan.

Ingenting säger heller att det är skillnad mellan att utöva kyrkogemenskap privat och offentligt. Det vore märkligt och inkonsekvent om man inte kan praktisera kyrkogemenskap med medlemmar av villfarande kyrkor offentligt men att det går bra privat. Kyrkan finns ju överallt där troende människor vistas, både privat och offentligt. Samma Guds bud gäller för den kristne var han än är. När en rättrogen kristen förrättar sin husandakt och familjemedlemmar som inte tillhör hans kyrka ändå är med vid andakten och lyssnar är det en god sak. De får då del av en biblisk undervisning.

Viktigt är att olikheter i tro och bekännelse inte upphäver familjegemenskapen. Den kristne ger här vittnesbörd genom att leva ett fromt och kärleksfullt liv. Paulus skriver:

Och om en hustru har en man som inte är troende och han är villig att leva med henne, får hon inte överge honom. Mannen som inte tror är nämligen helgad genom sin hustru, och hustrun som inte tror är helgad genom sin troende man. ... Gud har kallat er att leva i frid. För hur vet du, hustru, om du kommer att frälsa din man? Och hur vet du, man, om du kommer att frälsa din hustru? (1 Kor. 7:13-16).

Detta ställe visar tydligt att äkta makar kan leva väl tillsammans utan att ha kyrkogemenskap. Den troende vet inte om den andre kommer att bli omvänd. Men den troende skall fördenskull inte upphöra att bedja och hålla sin andakt. Om den andra parten då vill lyssna är det en god sak, som kanske leder till hans eller hennes omvändelse.

Pliktkonflikter i fråga om kyrkogemenskap

Liksom i fråga om alla bud kan ibland svåra pliktkonflikter inträffa. Vi får då hålla oss till grundregeln som är kärleksbudet och göra så gott vi kan i en svår situation. Så rådfrågade t.ex. Naaman profeten Elia hur han skulle göra när han måste ledsaga sin herre in i ett avgudatempel:

Då sade Naaman: "Om du inte vill det, så låt din tjänare få så mycket jord som ett par mulåsnor kan bära. För din tjänare vill inte offra brännoffer och slaktoffer åt andra gudar mer, utan bara åt Herren. Men detta må Herren förlåta din tjänare: När min herre går in i Rimmons tempel för att böja knä där och han då stöder sig vid min hand och jag också böjer knä där i Rimmons tempel, må då Herren förlåta din tjänare att jag böjer knä i Rimmons tempel." Elisha sade till honom: "Gå i frid." (2 Kung. 5:17ff).

Vi ser att Naaman gör allt för att på rätt sätt dyrka Gud. Jorden skulle han troligen ha med sig för att bygga ett altare åt Herren med Israels egen jord. I kärlek skulle han tjäna sin herre utan att fördenskull kompromissa med sin tro. I avgudatemplet var han bara åskådare och tjänare åt sin herre men inte deltagare i gudstjänsten. Elisha godkänner detta med de fina orden: *Gå i frid.*

När det under reformationstiden uppstod liknande svåra situationer vände man sig alltid till sin präst och bad om råd. Och om prästen själv var villrådig skrev han till konsistoriet eller fakulteten i Wittenberg. Många av deras råd samlades i vägledande böcker.

För att uppnå en god enighet i fråga om kyrkogemenskapen bör vi noga ge akt på huvudprincipen som är budet om att dra sig undan varje villolärare och villfarelse. Det gäller inte bara

villoläraren själv utan också de som understöder honom
antingen aktivt genom att direkt följa honom, eller passivt
genom att inte ta avstånd från honom och driva ut honom.
När vi med heligt allvar följer detta buds huvudprincip
kommer i regel svåra situationer att lösa sig med god vilja.
Man skall då också se till att man inte blir ett dåligt föredöme
för andra. Det som för en kristen med stadig tro inte är något
problem kan för en svag broder bli till en stötesten. Så skriver
Paulus om att t.ex. avstå från att äta offerkött för svaga kristnas
skull. Prästen skall därför undervisa om kyrkogemenskapen så
att församlingen förstår varför detta bud är så viktigt. Det är
djupast sett alltid en fråga om evangelium och tron. Om en
församling sätter den mänskliga gemenskapen framför den
andliga gemenskapen är risken stor att mänskliga över-
väganden också kommer att avgöra också hur vi ser på kyrko-
gemenskapen. Om vi av hjärtat tror att det Jesus säger är
avgörande undviker vi gärna det som är falskt och felaktigt och
håller oss till det som är sant, riktigt och rätt. Genom att också
visa andra kristna hur viktig denna lära är leder vi också dem
rätt.

Till sist ett viktigt ställe ur vår bekännelse.

I företalet till Konkordieboken står det:

*När det gäller utpekande och förkastande av falsk och oren lära
(condemnationes), måste man göra en viss skillnad. Detta gäller särskilt i
artikeln om Herrens nattvard. Vår förklaring och grundliga behandling av
de omstridda artiklarna är till för att var och en skall känna till vad saken
gäller och kunna ta sig till vara. Det finns också många andra orsaker.
Men det är inte vår avsikt att personer som i okunnighet far vilse men inte
smädar Guds ords sanning skall fördömas. Ännu mindre skall det gälla
hela kyrkor i eller utanför Tyskland. Förkastandet gäller endast falska och
förföriska läror och hårdnackade lärare som smädar sanningen. Sådana
kan vi inte alls tåla i våra länder, kyrkor och skolor. Det är dessa som
egentligen förkastas eftersom de står emot Guds uttryckliga ord. Deras läror
kan omöjligen få finnas tillsammans med ordet. Fromma hjärtan måste
varnas för dessa villfarelser. Vi tvivlar inte alls på att det finns många*

fromma och oskyldiga människor också i de kyrkor, som hittills inte har kunnat komma överens med oss i allt. Dessa fromma lever i uppriktig tro och förstår inte saken på rätt sätt. Men de gillar inte när man smädar den heliga nattvarden så som den enigt hålls och lärs i våra kyrkor enligt Kristi instiftelse i kraft av hans testamentsord. Men det är vår förhoppning att om de blir rätt undervisade i läran, skall de genom den helige Andes ledning vända sig till Guds ords ofelbara sanning tillsammans med oss och våra kyrkor och skolor.[72]

Så uppfattar vi också situationen för de välmenande kristna som tillhör kyrkor *"som hittills inte har kunnat komma överens med oss i allt"*. Vi kan för närvarande inte utöva kyrkogemenskap med dem, men vi är övertygade om att de inte har behag i de falska lärorna som drivs i deras kyrkor och vi hoppas att de – om och när de får en rätt undervisning – kommer att *"genom den helige Andes ledning vända sig till Guds ords ofelbara sanning tillsammans med oss och våra kyrkor och skolor."*

Sammanfattning.

Läran om kyrkogemenskapen är ett bud från Herren om att vi skall ta oss tillvara för all falsk lära och alla falska lärare och inte ha gemenskap med dem och deras falska kyrkor. Det gäller all slags falsk lära och alla former av kristen gemenskap. När vi troget lyder detta bud leder det till välsignelse. Men budet i sig åstadkommer ingen kyrkogemenskap. Det är endast *evangelium* som för människor till tro och gör dem till lemmar i Kristi kropp. De som så av hjärtat tror på Kristus vill sedan också med glädje följa hans bud, där också budet om kyrkogemenskapen ingår. Detta bud är egentligen ingenting annat än det första budet: *Du skall inga andra gudar ha jämte mig.*

---

[72] Övers. SR, SKB 39f, Trigl 18, 20.

15. Prästämbetet

Vi tror att Gud instiftat ett särskilt prediko- eller prästämbete i församlingen, vilket har till uppgift att offentligt förkunna ordet och förvalta sakramenten. En präst är *Verbi Divini Minister* – det gudomliga ordets tjänare. Alla kristna är visserligen delaktiga i det allmänna prästadömet och ansvariga för förvaltningen av nådemedlen. Men Gud vill att de gemensamt skall utvälja och kalla dugliga och beprövade män till herdar och lärare i församlingen. Dessa är då kallade av Gud och kan inte avsättas annat än om de börjar predika falsk lära eller försvarar uppenbar ogudaktighet.

Prästämbetet är en fortsättning av apostlarnas uppdrag, som skulle räcka ända till tidens slut:

Åt mig har getts all makt i himlen och på jorden. Gå därför ut och gör alla folk till lärjungar! Döp dem i Faderns och Sonens och den helige Andes namn och lär dem att hålla allt som jag befallt er. Och se, jag är med er alla dagar till tidens slut" (Matt. 28:18ff).

Prästerna betecknas med olika namn, men de har ett och samma ämbetet:

Och han gav några till apostlar, andra till profeter, andra till evangelister och andra till herdar och lärare, för att utrusta de heliga till att fullgöra sin tjänst att bygga upp Kristi kropp tills vi alla når fram till enheten i tron och i kunskapen om Guds Son (Ef. 4:11ff).

Det är verkligen Gud, den helige Ande som har kallat kyrkans präster:

Ge akt på er själva och hela den hjord där den helige Ande har satt er som ledare (biskopar), till att vara herdar för Guds församling som han har köpt med sitt eget blod (Apg. 20:28).

Prästen är Kristi tjänare med uppdraget att förvalta ordet och sakramenten. Ordet "hemlighet"[73] (t.ex. i 1 Kor. 4:1 *"förvaltare av Guds hemligheter"*) har ibland tolkats som "sakrament". Men ordet sakrament kan definieras på olika sätt. Om vi utgår från sådana medel som är oss givna för att

---

[73] Grek. μυστήριον (mystärion), lat. mysterium.

förmedla nåd och förlåtelse gäller detta dopet, bikten och nattvarden. Dessa nådemedel skall tillsammans med ordets predikan förvaltas offentligt av dem som tjänar i prästämbetet: *Alltså ska man se oss som Kristi tjänare och förvaltare av Guds hemligheter. Av en förvaltare krävs att han visar sig pålitlig (1 Kor. 4:1f).*

Hur en präst skall vara anges av aposteln:

Om någon gärna vill ha en församlingsledares tjänst (biskops ämbete), så önskar han sig en god uppgift. En församlingsledare måste vara oklanderlig, en enda kvinnas man, nykter, förståndig, aktad, gästfri och en god lärare. Han får inte missbruka vin eller vara våldsam, utan ska vara vänlig, fridsam och fri från pengabegär. Han ska ta väl hand om sin familj och se till att barnen lyder och visar all respekt. Men om någon inte förstår att ta hand om sin egen familj, hur ska han då kunna ta hand om Guds församling? Han får inte vara nyomvänd så att han blir högmodig och faller under djävulens dom. Han måste också ha gott anseende bland de utomstående, så att han inte får dåligt rykte och fastnar i djävulens snara (1 Tim. 3:1-7).

Paulus betonar att präster skall tillsättas i alla församlingar. De skall både förkunna det rätta och vederlägga det falska. Han skriver:

Jag lämnade dig på Kreta för att du skulle ordna det som återstod och i varje stad insätta äldste (präster) efter mina instruktioner. En äldste ska vara fläckfri, en enda kvinnas man, och ha troende barn som inte kan beskyllas för att vara vilda eller upproriska. Församlingsledaren (biskopen) ska som Guds förvaltare vara fläckfri. Han får inte vara självgod, inte häftig, inte missbruka vin, inte vara våldsam eller girig, utan gästfri, godhjärtad, förståndig, hederlig, gudfruktig och behärskad. Han ska hålla sig till lärans tillförlitliga ord, så att han både kan uppmuntra med sund undervisning och tillrättavisa motståndarna (Tit. 1:5-9).

Lägg märke till att samma personer här kallas både präster (äldste) och biskopar (församlingsledare).[74] I Bibeln finns bara ett läroämbete, men detta har en rad olika beteckningar, t.ex. präst, biskop, herde, lärare, profet, ängel, förvaltare m.m.

---

[74] Grundtextens ord är presbyteroi och episkopoi, präster och biskopar.

Aposteln Petrus betonar herdeuppdragets stora betydelse. Det är Guds egen hjord prästerna skall sköta och vårda. De står i Kristi tjänst och ansvarar inför honom för sin förvaltning. *Var herdar för Guds hjord hos er och vaka över den, inte av tvång utan frivilligt, så som Gud vill, inte för egen vinning utan med hängivet hjärta. Uppträd inte som herrar över dem som anförtrotts er, utan var föredömen för hjorden. När den högste herden sedan uppenbarar sig, ska ni få härlighetens segerkrans som aldrig vissnar (1 Petr. 5:2ff).* Viktigt är också att förstå att alla kristna är innehavare av det allmänna prästadömet.

Kom till honom, den levande stenen, förkastad av människor men utvald och dyrbar inför Gud. Och låt er själva som levande stenar byggas upp till ett andligt hus, ett heligt prästerskap som ska bära fram andliga offer som Gud tar emot med glädje genom Jesus Kristus. Det står ju i Skriften: Se, jag lägger i Sion en utvald, dyrbar hörnsten, och den som tror på den ska aldrig komma på skam (1 Petr. 2:4ff).

Här står det att alla kristna utgör *"ett heligt prästerskap*[75] *som ska bära fram andliga offer"*. Detta betyder att varje kristen är en smord präst som tillsammans med alla andra kristna utgör de levande stenarna i Guds tempel. Förebilden till detta var de levitiska prästerna i GT och deras offer. De kristna offrar nu sig själva som ett tackoffer till Gud. Det är inte ett offer för att bli rättfärdiggjorda utan att ett offer av tacksamhet för att de mottagit förlåtelsen och den helige Andes gåva genom tron. Hela deras liv skall nu stå i Kristi tjänst. Som Guds präster är de också ägare av alla gåvor som Gud har givit kyrkan. Som kristna skall de då också se till att det särskilda prästämbetet upprättas. Genom församlingen skall offentliga herdar och lärare kallas till det särskilda ämbetet.

---

[75] Grundtextens ord är här *hieráteuma*, som kommer av ordet *hierévs*, som står för det levitiska prästerskapet i GT, övers. av det hebreiska *qåhén*, och inte för det särskilda ämbetet, där detta ord inte används.

Felaktiga uppfattningar om prästämbetet

1. Redan under fornkyrkan uppträdde karismatiska rörelser som inte ville underordna sig det av Gud instiftade läroämbetet. Under medeltiden och reformationen fanns det många olika svärmiska rörelser som menade att den helige Ande verkade direkt i hjärtat och kallade nya profeter som inte behövde kyrkans kallelse. Man kan på ett sätt förstå detta under tider då den officiella kyrkan var förvärldsligad. Men det var likväl en oordning som strider mot Bibelns lära om ämbetet. Luther betonade detta starkt mot de svärmiska rörelserna som hävdade att vilken lekman som helst hade rätt att träda fram och förkunna ordet. Luther visade i sin skrift om *"Smygare och vinkelpredikanter"*[76] att kyrkans kallelse är nödvändig. Gud kallar efter apostlarnas tid inte någon direkt till ämbetet, utan detta sker genom kyrkans offentliga kallelse. Paulus skriver:

Alla är väl inte apostlar? Alla är väl inte profeter? Alla är väl inte lärare? (1 Kor. 12:29).

Om någon gärna vill ha en församlingsledares tjänst (en biskops ämbete), så önskar han sig en god uppgift (1 Tim. 3:1).

Och Jakob skriver:

Mina bröder, inte många av er bör bli lärare. Ni vet ju att vi ska få en strängare dom (Jak. 3:1).

Orsaken till den strängare domen är ju att prästens lära berör många andra kristna och inte bara honom själv. Om prästen förkunnar falsk lära hotas många själar att förföras och prästen blir så orsak till att de går förlorade.

Under pietismen på 1700-talet uppkom en ny oordning. Man hävdade då att läran är viktigare än livet och att lekmannapredikanter har rätt att framträda endast på grund av en inre kallelse. Man hänvisade till att den officiella kyrkan hade blivit förvärldsligad och att man endast borde anlita "troende präster" eller lekmän i förkunnelsen. Följden blev att

---

[76] Martin Luther, Om smygare och vinkelpredikanter (1532), WA 30(3).

det uppstod små kyrkor inom kyrkan (ekklesiolor i ekklesian) där endast de som ansågs verkligt fromma samlades. Istället för att bryta kyrkogemenskapen med dem som förkunnade de nya lärorna (neologin, upplysningstidens rationalism) stannade man kvar inom den yttre kyrkan och slöt sig samman i föreningar eller grupper av fromma, som i regel använde sig av lekmän i förkunnelsen. Dessa hade då inte den officiella kyrkans kallelse. Antingen saknade de kallelse helt och hållet eller också räknade de den troende gruppens kallelse som en rätt kallelse. Men denna ordning strider mot Bibeln. Där är det avgörande att ämbetet hör till hela kyrkan. Enskilda grupper har inte rätt att utfärda kallelser *vid sidan om* den officiella kyrkan. Lekmän har inte heller rätt att själva uppträda som om de vore kallade lärare. När en grupp av kristna inser att den officiella kyrkan lär falskt skall de istället först bryta kyrkogemenskapen med denna och sedan som Kristi rätta kyrka kalla egna herdar och lärare. De som då kallas är inte längre lekmannapredikanter utan rätteligen kallade präster.

Vår bekännelse lär:

CA 14. Om kyrkans ämbete.
Om kyrkans ämbete lärs att ingen får undervisa, predika eller förvalta sakramenten offentligt utan en ordentlig kallelse (rite vocatus).[77]

2. En annan felaktig uppfattning är att ämbetet måste vara *tredelat*, uppdelat i biskop, präst och diakon. Det anses också nödvändigt att prästvigning endast får förrättas av en biskop som står i den rätta, *apostoliska successionen.* Med detta menar man att det måste finnas en obruten vigningskedja mellan Jesu apostlar och deras efterföljare, biskoparna ända in i vår tid. Annars är en prästvigning inte giltig. Det finns något olika teorier om detta inom de katolska, ortodoxa och anglikanska kyrkorna.

Enligt Bibeln lärs ingenting alls om att ämbetet måste vara tredelat eller att en mekanisk vigningskedja vore nödvändigt

---

[77] Övers. SR, SKB 61, Trigl 48.

för ett rätt prästämbete. Som vi sett benämns *samma* personer präster och biskopar och ingenting lärs om en apostolisk succession annat än att läran skall vara biblisk. En rätt kyrka står i en sann *lärosuccession* med apostlarna även om de saknar en obruten vigningskedja genom seklerna. Det enda Bibeln kräver är att prästkandidaterna skall vara lämpliga och ha den rätta, bibliska läran och att de som väljs skall vara kända för att leva ett rättskaffens kristet liv.

Hur de sedan invigs till sitt ämbete är en fri sak som kyrkan har rätt att ordna på olika sätt. I regel har kyrkan då utifrån apostlarnas exempel först valt präster och sedan ordinerat dem genom handpåläggning och bön. I den lutherska kyrkan hade man först ingen ordination och den infördes först år 1535. Men när den införts måste alla präster ordineras för att visa att de var rätteligen kallade. Kyrkor och församlingar hade ju gemensamt infört en viss ordning, och då skall inte enskilda präster eller församlingar bryta mot denna. Det vore att bryta mot kärlekens bud. Men man måste noga skilja på vad som är mänskliga ordningar, och vad som är en biblisk lära. Ordinationen är en god apostoliska ordning, men inte ett bibliskt bud.

Orsaken till att vissa kyrkor kräver det tredelade ämbetet och en obruten vigningskedja är att man sätter den kyrkliga *traditionen* vid sidan av Skriften som en källa för tron och läran. Detta är ett allvarligt avsteg från tron. Bibeln betonar att det enbart är *Skriftens lära* som skall vara avgörande för tron och all kristen undervisning. Aposteln skriver:

Ni ska lära er den regeln när det gäller oss att inte gå utöver vad Skriften säger (1 Kor. 4:6).

Reformationen höll noga fast vid denna regel och lärde att Skriften allena *(sola scriptura)* skulle avgöra all lära. Därför lär vi att det inte finns någon lära om ett tredelat ämbete eller om en obruten vigningskedja.

3. I vår tid har det tyvärr blivit vanligt i många kyrkor och samfund att prästen betraktas ungefär som en företagsledare som kan avskedas när församlingen inte längre är nöjd med honom. Detta strider mot Bibelns lära om ämbetet. Kallelsen

är för hela livet och församlingen är skyldig att lyda prästens undervisning så länge han inte avfaller och börjar predika falsk lära eller begår uppenbar synd som han inte ångrar utan håller fast vid. En kallelse till ämbetet får aldrig vara tidsbegränsad. När prästen enligt sin ämbetsplikt straffar församlingens synder får församlingen inte avskeda honom för att han är obekväm. Det gäller också när prästen predikar mot falsk lära och detta inte passar somliga i församlingen. Om en församling avsätter prästen utan klara bevis för att han lär falskt eller lever uppenbart ogudaktigt begår församlingen en allvarlig synd. Luther vägrade att ha med sådana församlingar att göra och bestraffade också präster som antog en kallelse i den felaktigt avsatte prästens ställe. Bibeln säger:

Ta inte upp en anklagelse mot någon av de äldste om det inte finns två eller tre vittnen (1 Tim. 5:19).

En anklagelse mot en präst måste vara väl underbyggd och klart bevisad. Den anklagade skall också ges tillfälle att försvara sin sak och möjlighet att ha någon vid sin sida när han anklagas så att han inte döms ensam och ohörd. I det vanliga samhället är detta en självklar regel. Desto viktigare måste det vara i Kristi församling där det gäller själarnas salighet, som prästen är satt att vårda.

4. Det har i vår tidigt blivit populärt att även låta kvinnor inneha prästämbetet. Men detta strider mot Bibelns klara och tydliga lära och kräver inte några långa utläggningar. För det första säger aposteln Paulus tydligt vilka kvalifikationer det krävs för en *man* som skall bli präst (1 Tim. 3, Tit. 1). För det andra har Bibeln ett klart förbud för kvinnor att tala i församlingen. Det står:

Liksom i alla de heligas församlingar ska kvinnorna vara tysta i era församlingar. De får inte tala utan ska underordna sig, som också lagen säger. Vill de veta något ska de fråga sina män därhemma, för det är en skam för en kvinna att tala i församlingen (1 Kor. 14:33ff).

För det tredje står det uttryckligen att detta är Herrens bud:

Om någon tror sig vara profet eller andlig, ska han inse att det jag skriver till er är Herrens bud (v. 37).

Och slutligen skriver aposteln att kvinnan inte får uppträda som lärare eller råda över mannen:

En kvinna ska i stillhet ta emot undervisning och helt underordna sig. Jag tillåter inte att en kvinna undervisar eller gör sig till herre över mannen, utan hon ska vara i stillhet, eftersom Adam skapades först och sedan Eva (1 Tim. 2:11ff).

Här hänvisas det uttryckligen till skapelseordningen. Det är mannens uppgift att undervisa och råda offentligt i församlingen liksom det är mannens uppgift att vara den ledande i äktenskapet medan kvinnan även där skall underordna sig. Den som tror att Bibeln är Guds inspirerade ord måste givetvis följa även dessa ordningar.

Orsaken till att många kyrkor ändå bryter mot förbudet mot kvinnliga präster är att de inte längre låter Bibelns lära vara avgörande i kyrkan. Enligt den moderna, liberala bibelsynen var Paulus fångad av sin tids fördomar när han skrev detta, och kyrkan har därför ingen anledning att längre följa det. Så innebär införandet av kvinnliga präster i en kyrka i regel också att man inför bibelkritik och en modern jämställdhetsfilosofi som inte stämmer överens med Guds ord.

16. Kyrkans organisation

Kristi kyrka är inte en mänsklig organisation utan en andlig organism, som i Bibeln kallas för Kristi kropp.[78] Den består som vi har sett av alla troende människor i alla tider. Kyrkan fanns alltså redan i och med att löftet om kvinnans säd gavs till Adam och Eva och att de trodde på detta löfte. Så fanns den sanna kyrkan genom hela gamla testamentet. Kyrkan består av alla troende som genom tiderna lyssnat på profeterna, Jesus och apostlarna och deras trogna medhjälpare. Kyrkan utgörs både av troende judar och hednakristna och så skall det förbli ända till den yttersta dagen.

Kyrkan kan delas in i *den lidande* och *den triumferande* kyrkan. Den lidande kyrkan är de kristna som ännu är kvar på jorden och måste plågas av sin gamla människa som trots frälsningen hela tiden stretar emot och lockar oss till synd. Kyrkan förföljs också av djävulen och världens människor. Den triumferande kyrkan utgörs av alla som dött i tron och vars själar nu är hos Kristus i himmelen. Alla människor, både troende och icke troende skall sedan uppstå med sina kroppar och samlas inför Kristus till den yttersta domen. De troende skall då bli frikända i domen för Kristi skull och sedan för evigt få vara hos Gud med både kropp och själ i en evig glädje och salighet.

Denna storslagna bild av den sanna kristna kyrkan målas upp genom hela Bibeln. Det är inte bara en bild utan en andlig verklighet.

Men frågan är nu hur kyrkan konkret skall organiseras medan den är i denna världen fastän den inte är av världen. Jesus säger ju: *Jag har gett dem ditt ord och världen har hatat dem, för de tillhör inte världen liksom inte heller jag tillhör världen (Joh. 17:14).* Bibeln säger att allt skall ske med ordning. Den kristna kyrkan får inte framträda med oordning och skamliga ting. De kristna skall leva ett heligt liv i tro och kärlek och så vara ett föredöme för den ogudaktiga världen.

---

[78] T.ex.: "Ni är alltså Kristi kropp och var för sig delar av den" (1 Kor. 12:27).

Vi kan då konstatera att Bibeln först och främst lär att Guds ord skall förkunnas rent och klart i den kristna kyrkan. Till ordet hör också sakramenten, dopet, bikten och nattvarden. I kyrkan skall också finnas gemensamma gudstjänster, böner, tacksägelse och tillbedjan. Alla kristna skall få undervisning och kyrkan skall vittna om sin tro inför världen i både ord och gärning. Konkret skall detta organiseras så att kyrkans minsta enheter, de lokala församlingarna, kallar präster som offentligt svarar för ordets förkunnelse och sakramentens förvaltning. Prästerna har också hand om själavården och de är ansvariga ledare för församlingen. Vid sin sida kan prästerna ha lekmän som medhjälpare, vilkas uppgift då är att sköta sådana viktiga sysslor som inte ingår i förvaltningen av ord och sakrament. Det kan t.ex. vara social verksamhet, skötsel av ekonomi och kyrkobyggnader, kyrkomusik, barnundervisning m.m. I Bibeln kallades några medhjälpare att tjäna vid borden så att apostlarna helt kunde ägna sig åt ordet och bönen. Dessa medhjälpare kallade *diakoner (tjänare)*.

Ingenting närmare lärs om vilka medhjälpare som skall finnas. Det står bara allmänt om vilka egenskaper de bör ha. Paulus skriver:

Församlingstjänarna (diakonerna) ska på samma sätt vara värdiga och ärliga, inte missbruka vin eller vara ute efter pengar. De ska hålla fast vid trons hemlighet med rent samvete. Men även de ska först prövas. Sedan kan de bli församlingstjänare om det inte finns något att anföra mot dem (1 Tim. 3:8ff).

I den följande versen talas om "*kvinnorna*". Det kan syfta på diakonernas hustrur eller kvinnliga medhjälpare, diakonissor. Om dem står det:

Kvinnorna ska på samma sätt vara värdiga, inte förtala någon utan vara nyktra och trogna i allt (v. 9).

På många ställen omtalas kvinnor som medhjälpare i det kristna arbetet. De kunde också privat bedriva undervisning inom hemmets sfär som det t.ex. står om *Priscilla*, hustru till Aquila. Om dessa båda står det:

När Priscilla och Aquila hörde honom (Apollos), tog de sig an honom och förklarade Guds väg grundligare för honom (Apg 18:26).

Priscilla hjälpte alltså till att i hemmet undervisa den lärde Apollos, som ännu inte helt hade lärt känna Bibelns lära i alla stycken. Kvinnorna fick däremot inte undervisa offentligt eller kallas som präster. Inte heller manliga lekmän fick undervisa offentligt, utan enbart män som blivit kallade till det bibliska ämbetet.

I samband med kyrkotukten säger Jesus att om någon inte lyssnar på enskild förmaning skall man efter två privata steg utan resultat ta saken till församlingen/kyrkan. Det står:

Lyssnar han inte till dem, så säg det till församlingen. Och lyssnar han inte heller till församlingen, då ska han vara för dig som en hedning och tullindrivare (Matt. 18:17).

Här används ordet "ekklesia", kyrka: *"Säg det till kyrkan."* Detta kan syfta på både den lokala församling eller en större del av Kristi kyrka. Ingenting sägs i Bibeln om hur de lokala församlingarna skall avgränsas från varandra. Vi kan därför inte göra *en lära* som specifikt säger att endast de minsta enheterna i kyrkan som vi kallar lokalförsamlingar är instiftade av Gud, medan större enheter enbart skulle vara mänskliga organisationer och sammanslutningar. Det är en fri sak hur kyrkan väljer att organisera sig. Man kan t.ex. ha stift som leds av en biskop eller en landskyrka som leds av biskopsmötet eller en ärkebiskop. Vid reformationen förklarade de lutherska bekännarna sig villiga att behålla den gamla kyrkans organisation om biskoparna bara lärde Guds ord ren och klart. När de evangeliska måste bryta med påvedömet på grund av dess falska lära fortsatte man med ungefär samma organisation som tidigare. Enda skillnaden var att de evangeliska furstarna fick träda in och hjälpa kyrkan som en slags *nödbiskopar*. Men de gjorde detta inte i egenskap av furstar utan som kristna vilka hjälpte sin kyrka i en svår situation.

En lokalförsamling eller ett större kyrkligt område måste ha någon form av representation som tillsammans med prästerna beslutar om församlingens ärenden. Men hur en sådan ordning skall se ut är en fri sak. Det finns *ingen biblisk lära* om kyrkans organisation utöver detta att Guds ord skall förkunnas rent och klart och sakramenten skall förvaltas i enlighet med Kristi instiftelse. Kristi kyrka har av Kristus fått alla kyrkans skatter sig anförtrodda som Kristi brud. Hon har fått nycklamakten. Sedan kallar kyrkan på Guds befallning präster som offentligt skall förvalta denna makt. Men alla kristna gemensamt är de ursprungliga ägarna av nycklamakten, och den kan inte tas ifrån dem. Luther tar bilden av kungens söner, vilka alla är arvingar. Men de utser någon eller några bland sig som skall utöva kungamakten på allas vägnar. Det bibliska ämbetet har därför en dubbel kallelse. Gud är den som kallar, men han utför denna kallelse genom sin kyrka, som sedan delegerar nycklamakten från Gud till de präster som kallas. När församlingen skall kalla en präst till ämbetet skall den göra detta tillsammans med prästerna, som ju är församlingens ledare och som också ingår i kyrkan.

I den lutherska kyrkan har man vanligen haft någon form av *kyrkoråd* som tillsammans med prästerna handhar *kyrkotukten* och *väljer nya präster*. Större enheter kan t.ex. vara landskyrkor, stift och pastorat. Under reformationen fungerade de kristna *universiteten* med sina teologiska fakulteter som kyrkans läromässiga ledning tillsammans med kyrkans präster. Senare inrättades *konsistorier* och man kallade *superintendentender* och *superattendenter* som *biskopar* över större områden. Stiften leddes av biskopar och *domkapitel* och pastoraten av *kyrkoherdar*. I den amerikanska lutherdomen inrättades *synoder* och *konferenser* som tillsammans med de lokala församlingarna och deras präster utgjorde kyrkans läromässiga ledning. I varje församling fanns en *kyrkostämma* som utgjordes av de vuxna män som blev godkända för detta uppdrag. Viktigt var då också de kyrkliga tidskrifterna. Så kom t.ex. Walthers *"Lehre und Wehre"* att vara en viktig sammanhållande kraft för de bibeltrogna lutherska kyrkorna på 1800-talet. Under reformationen var förstås Luthers egna skrifter och de lutherska bekännelseskrifterna oerhört betydelsefulla. Det är de ännu idag. Reformatorerna själva studerade också fornkyrkans goda skrifter av kyrkofäder som Ireneus, Augustinus m.fl till stor välsignelse. Under ortodoxins tid skrevs de väldigt omfattande och läromässigt så betydande verken av Chemnitz, Gerhard, Quenstedt, Calovius m.fl. Den första konfessionellt lutherska tidskriften startades av den ortodoxe telogen *Valentin E. Löscher (1673-1749)*, och den kom att spela en mycket stor roll.

Alla kyrkliga ordningar utgår från att organisationen som sådan är *en fri sak*. Men när en viss ordning har fastslagits bör man rätta sig efter den så att inte oordning uppstår i kyrkan. Om en ordning skall ändras bör detta också ske med varsamhet så att inte onödiga stridigheter uppstår. Detta gäller också ordningen för sådant som t.ex. kyrkoåret och dess helger, gudstjänster, katekesundervisning, konfirmation, kristna skolor, prästutbildning, diakoni, kyrkomusik, mission m.m.

Eftersom Skriften lär att kvinnan varken skall undervisa eller råda i församlingen (2 Tim. 2:12) skall *kyrkans ledning* bestå av män. Det är en allvarlig oordning när man idag även i f.d. konfessionella kyrkor har börjat kalla kvinnliga presidenter och andra kvinnliga ledare i kyrkan. Detta är ett steg på vägen mot att totalt och definitivt bryta mot Skriftens förbud mot kvinnliga präster och ledare. I praktiken visar det sig också att de kyrkor som infört kvinnliga ledare och lektorer mm snart också har infört kvinnliga präster i ämbetet.

Felaktiga uppfattningar om kyrkans organisation.

I den medeltida kyrkan uppstod läran om att kyrkan måste ledas av påven i Rom, vilket strider mot Bibeln. Både den romersk-katolska och de ortodoxa kyrkorna menar att kyrkan måste organiseras på ett bestämt, yttre sätt, vilket de försvarar med sin lära om traditionens betydelse vid sidan av Skriften. Även den reformerta kyrkan har bestämda uppfattningar om hur kyrkan måste vara organiserad. Somliga lär att kyrkan måste styras av ett presbyterium, andra att den lokala församlingen måste vara självständig och oberoende. Gemensamt för de reformerta kyrkorna är en lagisk syn på kyrkans yttre organisation. Bibeln lär däremot att kyrkans organisation är en fri sak. Paulus skriver:

Se till att ingen fångar er med den tomma och förrädiska filosofi som bygger på mänskliga traditioner och världsliga makter och inte på Kristus (Kol. 2:8).

Bland konfessionella lutheraner menar somliga att *enbart lokalförsamlingen* är kyrka i biblisk mening, medan större kyrkliga enheter inte är det. En sådan uppfattning har dock inget stöd i Bibeln. Den kristna kyrkan är verkligen kyrka i bibliska mening oavsett om den framträder som begränsad lokalförsamling eller i större enheter som t.ex. stift, synoder eller landskyrkor. Bibeln lär bara att allt skall tillgå med ordning. Frågor som gäller mat, dryck, högtider, sabbater, gudstjänstordningar och kyrklig organisation hör till adiafora som inte får göras till en kyrklig lag. Paulus skriver:

Låt därför ingen döma er för vad ni äter och dricker eller när det gäller högtid eller nymånad eller sabbat (Kol. 2:16).

Augsburgska bekännelsen lär i artikel 7:

Det är nog för den kristna kyrkans sanna enhet att evangelium predikas i enighet med rätt förståelse och att de heliga sakramenten utdelas enligt det gudomliga ordet. Men för kyrkans sanna enhet är det inte nödvändigt att man överallt har likadana ceremonier eller kyrkliga bruk, som människor har inrättat. Paulus säger ju: "En kropp och en Ande, liksom ni kallades till ett och samma hopp vid er kallelse, en Herre, en tro, ett dop" (Ef. 4:5f).

Hur t.ex. lokalförsamlingar, stift, kyrkoprovinser, synoder, kyrkostämmor, kyrkoråd, konsistorier och kyrkliga fakulteter inrättas hör till sådana *"kyrkliga bruk som människor har inrättat"*. Sådana inrättningar kan ändras. Men själva Guds ords lära kan inte ändras. Det står fast att Guds ord skall förkunnas och läras i kyrkan och att präster och biskopar, herdar och lärare (eller hur man vill benämna dem) kallas av Gud genom kyrkan till att lära Guds ord rent och klart och förvalta sakramenten. Men hur gränserna för olika församlingar skall dras och hur man väljer att konkret utforma ämbetet och den teologiska undervisningen praktiskt är en fri sak.

Det är ovärdigt när kyrkor t.ex. börjar strida om när påsken skall firas eller om vilka liturgiska bruk som skall användas i gudstjänsten, eller om vilken kyrkoordning som skall gälla. Det är förvisso viktigt att kyrkan har en god ordning. Till detta hör t.ex. firandet av söndagen och andra högtidsdagar, den traditionella högmässan med dess noga utformade delar, goda, renläriga psalmböcker, bönböcker och katekeser. Kyrkan bör också ha en god ordning för hur prästernas tjänster och löner skall regleras, hur ekonomin skall skötas, hur kyrkoråd och kyrkostämma skall vara inrättade och hur kyrkvaktmästare, kyrkvärdar, diakoner och kyrkomusiker skall verka. Men alla sådana ordningar är att jämställa med söndagens firande och andra högtider som jul, påsk och pingst. Detta är goda ordningar som kyrkan har haft stor nytta och glädje av allt sedan fornkyrkans tid. Men de är inte bibliskt nödvändiga och anbefallda.

Givetvis är det inte önskvärt att avskaffa gamla, goda ordningar. Så gjorde den radikala grenen av reformationen till stora skada. Carlstadt ville med våld reformera gudstjänsten när Luther var på Wartburg. Luther åstadkom lugn igen genom att predika varje dag om att reformationen måste börja i människors hjärtan och samveten.[79] Den lutherska kyrkan slår vakt om sina goda traditioner som tillkommit för att ordet och sakramenten skall förvaltas på ett värdigt och fromt sätt. Men likväl får dessa traditioner inte anses nödvändiga för saligheten. Liksom kyrkans språk då och då måste ändras i bibelöversättningar och liturgi kan också olika praktiska ordningar i organisationen behöva ändras. En lokal församling kan t.ex. idag omfatta ett mycket större område på grund av att det är möjligt genom moderna kommunikationer och media. Prästen kan nå människor på stora avstånd, vilket förr var omöjligt. Avgörande för församlingens gränser blir snarast vilka människor som omfattas av prästens själavård och inte var de råkar bo.

---

[79] De s.k. invocavitpredikningarna hölls under fastan 1522 av Luther.

En annan felaktig uppfattning är det när man menar att kyrkan *inte har rätt* att kalla sina egna präster om det inte finns någon renlärig biskop att tillgå. Somliga menar då att man ändå skall låta en biskop från en annan kyrka ordinera blivande präster. Detta vore rätt och riktigt om man står i kyrkogemenskap med biskopen i fråga, men om han inte lär rätt är det uteslutet. Då har församlingen rätt och plikt att kalla egna präster. En präst kan då ordinera. Om ingen rättrogen präst finns att tillgå har lekmännen i församlingen rätt att i en sådan nödsituation kalla och ordinera någon lämplig person till ämbetet. Bibeln lär inte att endast biskopar kan prästviga. En sådan ordning är en fri sak. Varje präst har rätt att i och genom sitt ämbete också förrätta prästvigning. Men om man i kristen frihet har infört en ordning där det är biskoparnas sak att utföra prästvigningen är det givetvis dessa som i god ordning skall ordinera. Det ska också betonas att själva ordinationen med bön och handpåläggning är en fri sak. Men den lutherska kyrkan har av tradition haft denna ordning med apostolisk förebild och den är då att se som en del av den rätta kallelsen och bör därför inte utelämnas.

En annan felaktig uppfattning är det när man låter lekmän leda gudstjänster, andakter och bibelstudier i församlingen eller dela ut nattvarden utan att vara kallade till ämbetet. I den privata sfären är det en annan sak. I hemmet och barnundervisning kan och bör lekmän också undervisa. Barnundervisningen hör i första hand till husfaderns kallelse. Luthers katekes är ju skriven för familjefäderna. Modern kan givetvis också undervisa barnen och alla kristna har rätt att vittna om sin tro i hemmen och i privata sammanhang. Men offentligt skall man noga iaktta ordningen att det endast är de kallade prästerna som leder böner och andakter, bibelstudier och annan undervisning. Detta bekänner också Augsburgska bekännelsen i artikel 14. Endast prästerna skall predika och förvalta sakramenten.

Ett annat missbruk av kyrkans ordning är det om prästerna kräver att medlemmarna skall rätta sig efter prästerna i allt även i sådana frågor som *inte* gäller kyrkans ledning genom ordet och sakramenten. Sådana frågor skall skötas i god ordning enligt kärlekens lag. Prästerna kan i sådana frågor inte kräva lydnad som om de själva vore kyrkans överhet. Prästerna skall inte uppträda som herrar i församlingen, säger Skriften. Men detta betyder å andra sidan inte att t.ex. kyrkorådet eller kyrkostämman har rätt att åsidosätta prästerna när det gäller kyrkans ledning. Till förvaltningen av ordet och sakramenten hör ju också att prästerna skall vaka över att kyrkan leds på ett sådant sätt som är nödvändigt för att ordets undervisning skall bli god och effektiv. Det är således prästernas sak att ordna de gudstjänster och bibelstudier som behövs och att se till att lärofrågor behandlas med kraft och energi när det t.ex. gäller själavården, gudstjänsterna, läro- och kyrkotukt. Prästerna har rätt att besöka församlingens medlemmar och begära av dem att de också besöker gudstjänsterna flitigt om de inte har förhinder. Prästerna skall också se till att medlemmarna inte försummar sakramenten.

Vår bekännelse säger att man inte skall låta uppenbara och obotfärdiga syndare komma till sakramentet och annan kyrklig gemenskap.[80] Prästerna måste också förmana medlemmarna att inte ha gemenskap med falska lärare och deras kyrkor eller gudstjänster. Det är också prästernas uppgift att ge ut lämpliga skrifter för kyrkans undervisning. Det hör till det teologiska ämbetet att bedöma *vilken* undervisning som bäst behövs. Kyrkans medlemmar eller kyrkorådet har då inte rätt att kräva att prästerna tiger eller låter bli att skriva om känsliga frågor som kan förarga somliga.

Vår bekännelse betonar ämbetets stora vikt:

Men om man vill fatta prästvigningen såsom gällande predikoämbetet, så har vi inget emot att kalla prästvigningen ett sakrament. Ty predikoämbetet är förordnat av Gud och har härliga löften, t.ex. ordet i Rom. 1: Evangeliet är en Guds kraft till frälsning för var och en som tror (Apol. 13, SKB 222f, Trigl 310).

---

[80] Schmalk. art. Om bannet, SKB 334, Trigl 496.

Det hör därför till kyrkans organisation att den i första hand utformas så att prästernas uppgift att förkunna Guds ord och förvalta sakramenten står i centrum av kyrkans verksamhet. Kyrkan bör därför sörja för att blivande präster får en god teologisk undervisning där också grundspråken ingår. Kyrkan måste också se till att nödvändiga medel till prästens lön och försörjning insamlas. Det är en klar biblisk lära att kyrkan är skyldig att försörja sina präster. Det står ju:

Skriften säger: Du ska inte binda för munnen på oxen som tröskar, och: Arbetaren är värd sin lön. (1 Tim. 5:18).

Bekännelsen. Som avslutning av detta kapitel om kyrkans organisation är det lämpligt att peka på vad Luther säger i lilla katekesens inledning:

Det som har fått mig att skriva denna katekes eller kristna lära i en så liten, enkel och barnslig form, är den stora nöd jag har upplevt i församlingarna när jag rest runt som visitator. Deras beklagliga tillstånd har tvingat mig till detta. Hjälp, käre Gud, så mycket jämmer och elände jag har sett! Vanliga människor vet inte alls vad den kristna läran är, särskilt ute i byarna. Och tyvärr är också många präster olämpliga och dåliga på att undervisa. Ändå ska alla kallas kristna, vara döpta och gå till sakramentet. De kan varken Fader vår, trosbekännelsen eller de tio buden, och de lever som boskap och oförnuftiga grisar. Och nu när evangelium har kommit och blivit så klart predikat, så missbrukar de detta i högsta grad till all möjlig frihet.

Å, ni biskopar! Hur ska ni kunna svara inför Gud, att ni så skamligt har missbrukat ert ämbete och låtit folket leva i okunnighet? Må all olycka komma över er! Ni förbjuder dem att ta emot den ena gestalten[81] och driver era människostadgar. Men ni frågar inte efter, om de kan Fader vår, trosbekännelsen, de tio buden eller något enda Guds Ord. Ack och ve över er hals i evighet! Därför ber jag för Guds skull er alla, mina kära herrar och bröder, ni som är kyrkoherdar och präster, att ni av hjärtat ska ta er an ert ämbete. Ni måste förbarma er över folket som ni fått i er vård och hjälpa oss att föra ut katekesen till alla, och då särskilt till ungdomen.[82]

---

[81] Detta syftar på att lekmännen inte fick vinet i nattvarden.
[82] Övers. SR, SKB 360, trigl 532.

17. Utkorelsen

Skriften lär att de som kommer till tro och blir frälsta redan av evighet är utkorade av Gud till salighet. Detta skedde redan före världens skapelse.

Han har utvalt oss i honom före världens skapelse till att vara heliga och fläckfria inför honom. I kärlek har han förutbestämt oss till barnaskap hos honom genom Jesus Kristus, efter sin goda viljas beslut, till ära och pris för den nåd som han har skänkt oss i den Älskade (Ef. 1:4ff).

Jesus lär också detta. Han säger om sina lärjungar:

Ni har inte utvalt mig, utan jag har utvalt er och bestämt er till att gå ut och bära frukt, och er frukt ska bestå. Då ska Fadern ge er vad ni än ber honom om i mitt namn (Joh. 15:16).

Bibeln anger tydligt den ordning Gud använder när det gäller saligheten. Detta har man kallat *nådens ordning*. Aposteln Paulus skriver:

Dem som han i förväg har känt som sina har han också förutbestämt till att formas efter hans Sons bild, så att Sonen blir den förstfödde bland många bröder. Och dem som han har förutbestämt har han också kallat, och dem som han har kallat har han också förklarat rättfärdiga, och dem som han har förklarat rättfärdiga har han också förhärligat (Rom. 8:29f).

Ordningen är alltså

1. Utkorelse eller förutbestämmelse (predestination)
2. Kallelse
3. Rättfärdiggörelse
4. Förhärligande

Några kommentarer till denna ordning är viktiga.

1. *Utkorelsen* sker av nåd allena. Ingen människa kommer till tro på grund av egen avgörelse eller vilja. Omvändelsen är helt och hållet Guds verk och detta verk har Gud av evighet beslutat. Denna lära är inte alls samma som Calvins villolära. Calvin menade att Guds nåd inte gäller *alla* människor. De som går förlorade är utkorade till förtappelse. Detta är en förskräcklig lära. Bibeln säger klart att Gud vill att alla människor skall bli frälsta och om en människa ändå går

förlorad är det på grund av att hon vänder sig bort från Gud och avvisar frälsningen. Vi kan inte med vårt förnuft förstå hur det går ihop att nåden gäller *alla* människor och att Gud *ensam* utkorar och omvänder de som blir frälsta. Men Bibeln lär detta tydligt och klart och därför tror och bekänner vi det också.

2. *Kallelsen* sker genom Guds ord. Först predikas lagen till uppväckelse och förkrosselse av samvetet, och sedan predikas evangelium så att Gud genom detta skänker tron och den helige Ande. Under den tid människan ännu står under lagen kan hon inte på något sätt medverka till sin omvändelse. Som tidigare nämnts kan människan inte förbereda sin omvändelse genom bön, kamp mot synden m.m. Hon måste först bli andligen uppväckt vilket är detsamma som att hon kommer till tro.

3. *Rättfärdiggörelsen* sker när en syndare lyssnar på evangeliet och av hjärtat tror på det. Då rättfärdiggör Gud syndaren genom att förklara honom frikänd för Kristi skull. Detta är helt och hållet Guds verk. Observera att syndaren tror på en redan färdig försoning. Guds objektiva verk för hela världen har skett en gång för alla, så att hela världens synd försonades genom Kristi lidande och död och så att Gud i uppståndelsen frikände Kristus från alla våra synder som låg på honom och förkunnade att rättfärdiggörelsen och förlåtelsen gäller för hela världen. Det står ju:

Han utlämnades för våra synders skull och uppväcktes för vår rättfärdiggörelses skull (Rom. 4:25).

Detta betyder att Kristus dog för att försona våra synder och uppväcktes för att göra oss rättfärdiga. Detta verk är fullbordat. När vi sedan kommer till tro blir detta vår personliga egendom då Gud genom nådemedlen rättfärdiggör oss.

4. *Förhärligandet* innebär att Gud genom sin makt ser till att alla de han har utkorat och omvänt också blir bevarade i tron intill änden och evigt saliga. Detta bevarande sker endast genom Guds nåd.

När det i nådens ordning lärs att Gud ensam utkorar, omvänder och bevarar syndaren till evigt liv får det int förstås som om Gud här skulle handla med trä och sten. Gud omvänder en syndare så att hans vilja ändras. Sedan tron har tänts i människans hjärta har vi fått en ny människa som älskar Herren och hans ord. Som kristna ber vi till Gud, kämpar mot synden och den gamla människan. Gud leder oss inte som robotar utan han har i pånyttfödelsen skänkt oss det nya livet och en ny ande som är ivrigt verksam i tro, hopp och kärlek. Men allt detta har Gud av nåd skänkt oss genom rättfärdiggörelsen och tron. Det är därför djupast sett också Gud ensam som verkar i våra kristna liv, men han gör det så att vi får en ny vilja som självständigt samverkar med Guds goda vilja.

Felaktiga uppfattningar om utkorelsen.

Vi har redan nämnt Calvins s.k. dubbla utkorelselära som förnekar att Guds nåd gäller alla människor och att de som går förlorade är utkorade till förtappelse. Detta är den strikt reformerta kyrkans lära. De brukar ofta kallas *presbyterianer*.

Inom den reformerta kyrkan fanns det stora grupper som gick emot Calvins ursprungliga utkorelselära. De höll fast vid att nåden gäller alla människor. Men de hamnade i en annan villolära då de med förnuftet försökte förklara varför vissa människor går förlorade medan andra blir frälsta. Detta måste bero på människans egen vilja och dess medverkan i omvändelsen, menade man. Men då förnekade man att människan blir omvänd och frälst endast genom Guds nåd. Denna grupp har kallats *arminianer* efter den reformerte teologen *Jakob Arminius (1560–1609)*. Han protesterade mot den stränga kalvinismen. Vid *Dordrechtsynoden* år 1619 avvisades arminianismen, men den kom att fortleva och har påverkat en mycket stor del av den reformerta kyrkan. Metodismens grundare *John Wesley (1703-1791)* hade också den arminianska uppfattningen och den var vanlig under de stora väckelserörelserna på 1800-talet.

138

I Amerika försvarade *C.F.W. Walther* och *Franz Pieper* den bibliska, lutherska läran. Detta ledde till att flera lutherska kyrkor lämnade Missourisynoden och Synodalkonferensen. De som lämnade hade uppfattningen att människan medverkar med sin vilja i omvändelsen. Dessa kyrkor var i regel påverkade av en pietistiskt färgad lutherdom från Skandinavien.

Inom dagens ekumeniska världskyrkorörelse dominerar uppfattningen att det är människans eget viljebeslut som är avgörande för frälsningen. Eftersom också läran om försoningen i regel är urvattnad på grund av bibelkritiken blir kristendomen mer som en rent mänsklig filosofi. Det är inte längre fråga om en biblisk uppenbarelse, där allt vad Skriften lär är sant. Grundtanken är för de flesta modernister att anhängarna av alla religioner egentligen tror på samma Gud och att vi inte kan veta något säkert om honom. Sådana bibliska läror som utkorelsen blir därmed också helt irrelevanta.

Bekännelsen

Några ord om utkorelsen och omvändelsen från våra bekännelseskrifter skall till sist anföras i denna viktiga fråga.

Men Gud, den helige Ande, verkar omvändelsen icke utan medel, utan brukar därtill predikan och Guds ords hörande, såsom det står skrivet i Rom. 1: Evangeliet är en "Guds kraft" till frälsning. Likaledes: Tron kommer av Guds ords hörande. Rom 10. Och Guds vilja är, att man skall höra hans ord och icke tillstoppa sina öron. I detta ord är den helige Ande närvarande och öppnar människornas hjärtan, så att de, liksom Lydia i Apg. 16, ger akt därpå och sålunda blir omvända endast genom den helige Andes nåd och kraft. Hans verk allena är människans omvändelse. Ty utan hans nåd är vårt "viljande och löpande", vårt planterande, sående och vattnande alltsammans förgäves, om han icke "ger växten", såsom Kristus säger: "Mig förutan kan ni intet göra." Med dessa få ord frånkänner han den fria viljan dess förmåga och tillskriver Guds nåd allt, för att ingen må berömma sig inför Gud. 1 Kor. 9.[83]

---

[83] FC Ep. art. 2, SKB 505, Trigl 786, 3.

Men predestinationen eller Guds eviga utkorelse gäller blott Guds goda, i hans nåd inneslutna barn och är grund till deras salighet, vilken ju Gud verkar, samt styr och ordnar allt, som hör därtill. På densamma är vår salighet så fast grundad, att "dödsrikets portar icke skall bliva henne övermäktiga".

Denna utkorelse skall vi icke efterforska i Guds hemliga rådslut, utan söka i Ordet, där den är uppenbarad.

Men Guds ord leder oss till Kristus, som är "livets bok", i vilken alla de är inskrivna, som skall bliva evigt saliga, såsom det står skrivet: "Han har utvalt oss genom honom, förrän världens grund var lagd."

Denne Kristus kallar till sig alla syndare och lovar dem vederkvickelse och vill allvarligen, att alla människor skall komma till honom och mottaga hjälp. Dem tillbjuder han sig i Ordet och vill, att man hör det och icke tillstoppar öronen och föraktar det. Därjämte utlovar han åt dem den helige Andes kraft och verkan samt gudomligt bistånd till att stå fasta i tron och nå den eviga saligheten.[84]

I enlighet härmed förkastar vi följande villfarelser. Då det lärs, att Gud icke skulle vilja, att alla människor skall göra bot och tro evangelium. Likaledes, att när Gud kallar oss till sig, det icke skulle vara hans allvar, att alla människor skall komma till honom. Likaledes, att Gud icke skulle vilja, att alla skall bli saliga, utan att vissa med bortseende från deras synd endast genom Guds rådslut, bestämmelse och vilja är förutbestämda till fördömelse, så att de icke kan bliva saliga. Likaledes, att grunden till Guds utkorelse, varigenom Gud utvalt oss till evigt liv, är att söka icke blott i Guds barmhärtighet och Kristi allraheligaste förtjänst, utan även hos oss själva.[85]

---

[84] FC Ep. art. 11, SKB 532, Trigl 832, 4-7.
[85] FC Ep. art. 11, SKB 534, Trigl 834, 1-4.

18. De yttersta tingen

Vi tror att Jesus Kristus skall komma tillbaka på den yttersta dagen till den stora domen. Då skall alla döda uppväckas med sina kroppar och tillsammans med dem som ännu lever skall så hela mänskligheten samlas inför Kristus. Han skall komma tillbaka på samma sätt om han for upp, alltså på himmelens skyar. Hur detta skall kunna gå till kan ingen förstå, men Bibeln lär klart och tydligt att detta skall vara en historisk händelse som avslutar den nuvarande tiden.

De som tror på Kristus skall då ställas på hans högra sida. De kallas *Faderns välsignade*. De har gjort goda gärningar mot Kristi minsta bröder när dessa var hungriga, törstiga, i fängelse m.m. Men det är inte på grund av dessa gärningar de blir frikända utan endast på grund av Guds nåd och välsignelse. De tror på Frälsaren och därför blir de saliga.

De som inte tror på Kristus skall ställas på hans vänstra sida. De kallas *Faderns förbannade*. De har inte gjort några goda gärningar mot Kristi minsta bröder. Detta visar att de inte har haft någon tro. Deras otro gör att de blir fördömda och evigt straffade tillsammans med djävulen och hans onda änglar. Jesus säger:

När Människosonen kommer i sin härlighet och alla änglar med honom, då ska han sätta sig på sin härlighets tron. Och alla folk ska samlas inför honom, och han ska skilja dem från varandra som herden skiljer fåren från getterna. Och han ska ställa fåren på sin högra sida och getterna på den vänstra.

Då ska Kungen säga till dem som står på hans högra sida: Kom, ni min Fars välsignade, och ta emot det rike som stått berett för er sedan världens skapelse. För jag var hungrig och ni gav mig att äta. Jag var törstig och ni gav mig att dricka. Jag var främling och ni tog emot mig. Jag var naken och ni klädde mig. Jag var sjuk och ni besökte mig. Jag var i fängelse och ni kom till mig.

Då ska de rättfärdiga svara honom: Herre, när såg vi dig hungrig och gav dig att äta, eller törstig och gav dig att dricka? Och när såg vi dig som främling och tog emot dig, eller naken och klädde dig? Och när såg vi dig sjuk eller i fängelse och kom till dig? Då ska Kungen svara dem: Jag säger er sanningen: Allt vad ni har gjort för en av dessa mina minsta bröder, det har ni gjort för mig.

Sedan ska han säga till dem som står på den vänstra sidan: Gå bort från mig, ni förbannade, till den eviga elden som är beredd åt djävulen och hans änglar. För jag var hungrig och ni gav mig inte att äta. Jag var törstig och ni gav mig inte att dricka. Jag var främling och ni tog inte emot mig, naken och ni klädde mig inte, sjuk och i fängelse och ni besökte mig inte.

Då ska de svara: Herre, när såg vi dig hungrig eller törstig eller som främling eller naken eller sjuk eller i fängelse och hjälpte dig inte? Då ska han svara dem: Jag säger er sanningen: Allt vad ni inte har gjort för en av dessa minsta, det har ni inte heller gjort för mig. Och dessa ska gå bort till evigt straff, men de rättfärdiga till evigt liv" (Matt. 25:31-46).

Innan den yttersta domen kommer skall det finnas tydliga tecken på att domen är nära. Jesus talar om tecken i naturen, och bland människorna. I naturen ökar katastroferna och bland människorna ökar avfallet från tron och laglösheten. Förföljelserna mot de kristna ökar också. Jesus säger:

Se till att ingen bedrar er. Många ska komma i mitt namn och säga: Jag är Messias, och de ska bedra många. Ni kommer att höra stridslarm och rykten om krig. Se då till att ni inte blir skrämda. Sådant måste hända, men det är ännu inte slutet. Folk ska resa sig mot folk och rike mot rike, och det ska bli svält och jordbävningar på många platser. Men allt detta är bara början på födslovåndorna.

Då ska man utlämna er åt lidande och döda er, och ni kommer att bli hatade av alla folk för mitt namns skull. Och då ska många komma på fall, och de ska förråda varandra och hata varandra. Många falska profeter ska träda fram och bedra många, och eftersom laglösheten ökar kommer kärleken att kallna hos de flesta. Men den som håller ut till slutet ska bli frälst. Och detta evangelium om riket ska förkunnas i hela världen till ett vittnesbörd för alla folk. Sedan ska slutet komma (Matt. 24:4-14).

Redan på apostlarnas tid fanns sådana tecken, och därför väntade också de första kristna redan då på Kristi återkomst. Men Johannes och Paulus skriver att först skall den store Antikrist träda fram, han som kallas fördärvets son. Han var också förutsagd av profeten Daniel och av Jesus själv. Johannes skriver:

Kära barn, den sista tiden är här. Och liksom ni har hört att Antikrist ska komma, så har redan nu många antikrister trätt fram. Av det förstår vi att den sista tiden är här. De har gått ut från oss, men de hörde aldrig till oss. Hade de hört till oss skulle de ha blivit kvar hos oss. Men det skulle visa sig att alla inte hör till oss. Ni har en smörjelse från den Helige och ni har alla kunskap. Jag har inte skrivit till er för att ni inte känner sanningen, utan för att ni känner den och vet att ingen lögn kommer från sanningen. Vem är lögnaren om inte den som förnekar att Jesus är Kristus? Den är Antikrist som förnekar Fadern och Sonen. (1 Joh. 2:18-22).

Det finns ju många bedragare som har gått ut i världen, de som inte bekänner att Jesus är Kristus som kommit i köttet. Sådan är Bedragaren, Antikrist. Se till att ni inte förlorar det vi har arbetat för utan får full lön. Den som går vidare och inte blir kvar i Kristi lära, han har inte Gud. Den som blir kvar i hans lära, han har både Fadern och Sonen (2 Joh. 7-9).

Och Paulus skriver:

Låt ingen bedra er på något sätt. Först måste avfallet komma och laglöshetens människa träda fram, fördärvets son, motståndaren som förhäver sig över allt som kallas gud eller heligt så att han sätter sig i Guds tempel och säger sig vara Gud. Minns ni inte att jag sade er detta medan jag ännu var hos er? Och ni vet vad det är som nu håller honom tillbaka så att han kan träda fram först när hans tid kommer. Laglöshetens hemlighet är ju redan verksam. Nu måste bara han som håller tillbaka röjas ur vägen.

Sedan ska den laglöse träda fram, han som Herren Jesus ska döda med sin muns ande och förgöra med glansen vid sin ankomst. Den laglöses ankomst är ett verk av Satan som kommer med stor kraft och med lögnens tecken och under. Med ondskans alla konster bedrar han dem som går förlorade, eftersom de inte tog emot kärleken till sanningen så att de kunde bli frälsta. Därför sänder Gud villfarelsens makt över dem så att de tror på lögnen och blir dömda, alla de som inte har trott på sanningen utan njutit av orättfärdigheten.(2 Tess. 2:3-12).

Antikrist är ingen hednisk tyrann. Han är en kyrkoledare som säger sig vara Gud och sitter mitt i Guds tempel, d.v.s. i Kristi kyrka. Det som höll honom tillbaka var evangeliets rena

143

förkunnelse under apostlarnas och fornkyrkans tid. Men när evangelium fördunklades och kyrkan började lära att människans egna gärningar medverkade till frälsningen kunde Antikrist framträda. Denne ledare uppträder med anspråk på att "vara Gud", d.v.s. att allt han säger är gudomlig lära, fastän han kommer med lögn och bedrägeri. Dessa tecken passar bara in på det romerska påvedömet. Genom den lutherska reformationen och dess rena och klara evangelium blev han avslöjad. Att Antikrist inte är en enda person förstår vi av att hans rike skall vara ända till den yttersta domen, då Jesus skall förgöra honom "med sin muns ande" (d.v.s. med ordet) vid sin ankomst. Antikrist besegras på ett dubbelt sätt. Först blir han avslöjad genom det rena evangeliets predikan då han genom predikan om rättfärdiggörelsen genom tron allena mister sin makt över människors hjärtan. Sedan blir han slutgiltigt förintad på domens dag.

I Uppenbarelseboken kallas Antikrist för "vilddjuret", och det står att det "förleder jordens invånare" Till sist skall han förintas tillsammans med djävulen (Uppb. 13:17-11, 20:10). Uppenbarelseboken använder många bilder. De måste tolkas i ljuset av Bibelns klara lära. Att vi lär att påvedömet är Antikrist framgår av att ingen annan kyrkoledare i historien passar in på Bibelns beskrivning. Det är inte fråga om påven som person utan om hans falska ämbete och lära, som strider mot Bibelns evangelium.

Redan Daniel förutsade att Antikrist skulle komma. Daniel talar om en jordisk tyrann som förebildar den slutgiltige Antikrist. Den jordiska tyrannen var *Antiokus Epifanes*, som vanhelgade Jerusalems tempel år 167 f.Kr. och satte upp en grekisk avgudabild där. Detta kallas i Bibeln *"förödelsens styggelse"*.

Första Mackabéerboken skriver om detta:

Efter att ha besegrat egypterna återvände Antiochos år 143 (169 f. Kr.) och marscherade med starka trupper upp mot Israel och Jerusalem. I sitt övermod trängde han in i templet och tog det gyllene altaret, lampstället och alla dess tillbehör, bordet för skådebröden, bägarna och skålarna för

144

dryckesoffren, rökelsefaten av guld, förhänget, kransarna och guldut-smyckningen på tempelhusets fasad, som blev helt avskalad. Han tog silvret och guldet och alla begärliga föremål och allt han fann av de undangömda skatterna. Med allt detta drog han bort till sitt eget land; han spred död och förintelse och förde ett fräckt och övermodigt tal (1 Mack. 1:20-24). ... Den femtonde dagen i månaden kislev år 145 (167 f. Kr.) lät kungen bygga den vanhelgande skändligheten (förödelsens styggelse) på brännoffersaltaret; även runt om i Judas städer byggdes altaren, och man tände rökelse vid husdörrarna och på gatorna. Alla skriftrullar med lagen som påträffades blev sönderrivna och uppbrända. Om man fann någon som ägde förbundets bok eller någon som höll lagen i ära, betydde kungens påbud döden för honom. Månad efter månad fortsatte deras våldsdåd mot alla israeliter som de ertappade i städerna (v. 54-58).

Mackabéerböckerna tillhör inte Bibelns kanon, men de är goda och trovärdiga historiska böcker som skildrar tiden mellan gamla och nya testamentet. Luther behöll dessa böcker i sin bibelöversättning som goda och nyttiga att läsa.

Daniel skriver:

Då ska han vända tillbaka och rikta sin vrede mot det heliga förbundet och ge vreden fritt utlopp. Och när han har kommit hem, ska han lyssna till dem som har övergett det heliga förbundet. Härar från honom ska komma, och de ska orena helgedomen, tillflyktsorten, avskaffa det dagliga offret och ställa upp förödelsens styggelse. Dem som har kränkt förbundet ska han med smickrande ord locka till avfall. Men de av folket som känner sin Gud ska stå fasta och hålla ut (Dan. 11:30ff).

Precis detta skedde. Men detta var inte bara en profetia om hur grekerna skulle härja templet. Daniel skrev samtidigt om Jerusalems förstöring och den yttersta tidens Antikrist. Jesus säger:

När ni ser "förödelsens styggelse", som profeten Daniel talar om, stå på helig plats – läsaren bör förstå det rätt – då måste de som är i Judeen fly upp i bergen. Den som är på taket ska inte gå ner för att hämta något från sitt hus, och den som är på åkern ska inte vända tillbaka för att hämta sin mantel (Matt. 24:15-18).

Jesus utgår här från grekernas avgudabild i templet genom Antiokus Epifanes och han tolkar detta både om romarnas erövring av Jerusalem år 70 och den yttersta tiden, då Antikrist skall sitta i Guds tempel mitt i den kristna kyrkan.

Templet i Jerusalem förstördes tre gånger. Salomos tempel uppfördes o. 960 f. Kr. och blev förstört o. 587 när babylonierna förde folket i fångenskap. Efter fångenskapen byggdes det upp under ledning av Esra och Nehemja och invigdes år 515. Men så skövlades det av Antiokus Epifanes år 169. Det återinvigdes dock redan år 164. Herodes den store gjorde sedan en utbyggnad vid tiden 19 - 9 f. Kr. så att detta ombyggda tempel kallas Herodes tempel. På Jesu tid var templet nästan helt färdigbyggt, men man höll fortfarande på med vissa arbeten. Det blev helt klart först år 64 e.Kr. Men sedan kom romarna år 70 och belägrade Jerusalem och jämnade templet med marken för alltid. Kvar finns idag bara klagomuren, där judarna brukar samlas till bön. Nya utgrävningar tyder dock på att man har hittat en del av Salomos tempel strax under Klagomuren.

Judarna menar att ett nytt tempel kommer att byggas på tempelplatsen. Man hänvisar då till profeten Hesekiels beskrivning av ett tempel (kap. 40-47). Det finns också vissa svärmiska riktningar som tror att detta syftar på att ännu ett jordiskt tempel kommer att byggas. Men detta stämmer inte med Bibelns lära. Efter Jerusalems förstöring är gamla testamentets tid definitivt förbi, och GT:s profetior om ett kommande fridsrike handlar om Guds rike, som är ett andligt rike och som syftar på den kristna kyrkan. Jesus säger:

Mitt rike är inte av denna världen (Joh. 18:36).

Då Jesus blev tillfrågad av fariseerna när Guds rike skulle komma, svarade han dem: "Guds rike kommer inte så att man kan se det med ögonen. Inte heller skall man kunna säga: Se, här är det, eller: Där är det. Ty se, Guds rike är inom[86] er." (Luk. 17:20f).

Daniels, Kristi och apostlarnas undervisning om Antikrist och förödelsens styggelse handlar inte om något ytterligare

---

[86]Översättningen "inom er" är den som bäst stämmer med Jesu ord att man inte kan säga: "Se här är det, eller där är det."

jordiskt tempel utan om det tempel som är Kristi kyrka. Mitt i den kyrkan kommer Antikrist med sina falska läror och profanerar Guds tempel. Påvedömet gör här gemensam sak med de avfallna inom andra kyrkor. Avfallet blir så stort att det knappast finns kvar någon rätt tro på jorden när Kristus kommer. Han säger:

Men ska Människosonen finna tron på jorden när han kommer? (Luk. 18:8).

Detta betyder inte att Jesus är osäker om det skall finnas några troende vid tiden för hans återkomst. Han har ju lovat att vara med sin kyrka alla dagar intill tidens ände (Matt. 28:20). Men han syftar på att avfallet kommer att bli så stort att man har svårt att hitta några som i den yttersta tiden håller fast vid Bibelns lära. Vi kan jämföra detta med profeten Elias tid, då det såg ut som om bara Elia var kvar bland de troende. Men Gud visste att det ändå fanns sjutusen män som inte hade böjt knä för Baal (1 Kung. 19:18).

Efter den yttersta tidens stora nöd kommer så Kristus tillbaka. Alla folk får uppleva detta:

Strax efter de dagarnas nöd ska solen förmörkas och månen inte längre ge sitt sken. Stjärnorna ska falla från himlen, och himlens makter ska skakas. Då ska Människosonens tecken synas på himlen, och jordens alla folk ska jämra sig när de ser Människosonen komma på himlens moln med stor makt och härlighet. Med starkt basunljud ska han sända ut sina änglar, och de ska samla hans utvalda från de fyra väderstrecken, från himlens ena ände till den andra (Matt. 24:29ff).

När Kristus kommer lever människorna som vanligt. De äter och dricker, arbetar, gifter sig o.s.v. Det vanliga livet på jorden kommer alltså att fortsätta tills plötsligt den yttersta dagen är inne. Jesus säger:

Så som det var under Noas dagar, så ska det vara när Människosonen kommer. Under dagarna före floden åt de och drack, de gifte sig och blev bortgifta ända till den dag då Noa gick in i arken, och de visste ingenting förrän floden kom och ryckte bort dem alla. Så ska det bli när Människosonen kommer. Då ska två män vara ute på åkern. Den ene ska tas med, den andre lämnas kvar. Två kvinnor ska mala vid kvarnen. Den ena ska tas med, den andra lämnas kvar. Var därför vakna, för ni vet inte vilken dag er Herre kommer (Matt. 24:37-42).

Uttrycket *"den ene ska tas med, den andre lämnas kvar"* syftar inte på att somliga människor då kommer att ryckas upp i luften och tas bort från jorden, utan på att det är de troende som vid Kristi återkomst blir frälsta och saliga (= tas med) medan de som inte tror går förlorade (= lämnas kvar).

Strax innan domen sker kommer alla människor att uppstå med sina kroppar. Jesus säger:

Det kommer en tid när alla som ligger i gravarna ska höra hans röst och komma ut. De som har gjort gott ska uppstå till liv, och de som har gjort ont ska uppstå till dom (Joh. 5:28f).

Om Kristi uppståndelse och dess betydelse för vår uppståndelse skriver Paulus:

Men nu har Kristus verkligen uppstått från de döda, som förstlingen av de insomnade. Eftersom döden kom genom en människa, kom också de dödas uppståndelse genom en människa. Liksom alla dör i Adam, så ska också alla göras levande i Kristus. Men var och en i sin ordning: Kristus som förstlingen och därefter, när han kommer, de som tillhör honom. Sedan kommer slutet, när han överlämnar riket åt Gud Fadern sedan han gjort slut på varje välde, varje makt och kraft (1 Kor. 15:20-24).

Efter domen kommer denna jorden att förstöras och ersättas av "nya himlar och en ny jord". Detta uttryck syftar på den eviga saligheten.

När nu allt detta går mot sin upplösning, hur heligt och gudfruktigt bör ni då inte leva medan ni ser fram emot Guds dag och påskyndar dess ankomst – den dag som får himlar att upplösas i eld och himlakroppar att smälta av hetta! Men efter hans löfte ser vi fram emot nya himlar och en ny jord där rättfärdighet bor (1 Petr. 3:11ff)

Om de kristna i den himmelska saligheten säger Jesus:

Ni ska äta och dricka vid mitt bord i mitt rike, och ni ska sitta på troner och döma Israels tolv stammar (Luk. 22:30).

I saligheten skall våra kroppar vara förhärligade liksom Kristi egen, förhärligade kropp:

Men vi har vårt medborgarskap i himlen, och därifrån väntar vi Herren Jesus Kristus som Frälsare. Han ska förvandla vår bräckliga kropp och göra den lik hans härlighetskropp, för han har makt att lägga allt under sig (Fil. 3:20f).

Felaktiga uppfattningar om den yttersta tiden.

Redan tidigt i fornkyrkan insmög sig falska uppfattningar om att det i den yttersta tiden skulle komma ett jordiskt tusenårsrike.[87] Man utgick då felaktigt ifrån att Uppenbarelseboken skulle lära att Kristus kommer att regera tusen år på jorden. Där står det:

Och jag såg själarna av dem som hade blivit halshuggna för Jesu vittnesbörd och Guds ord och som inte hade tillbett vilddjuret och dess bild eller tagit emot märket på sin panna eller sin hand. De levde och regerade med Kristus i tusen år (Uppb. 20:4).

Här står ingenting om att detta var ett jordiskt rike. Vi får inte glömma att Uppenbarelseboken talar i bilder, som måste tolkas utifrån Bibelns klara och tydliga lära. Den naturliga tolkningen är att de tusen åren syftar på nya förbundets tid då evangelium råder i Kristi kyrka. I slutet av denna tid skall Satan rasa genom svåra förföljelser och locka de kristna till avfall, som vi har sett. Om detta säger Uppenbarelseboken:

Och när de tusen åren har nått sitt slut ska Satan släppas ut ur sitt fängelse. Och han ska gå ut för att förleda folken vid jordens fyra hörn, Gog och Magog, och samla dem till striden. Deras antal är som havets sand. De drog upp över hela jordens vidd och omringade de heligas läger och den älskade staden. Men eld kom ner från himlen och förtärde dem. Och djävulen som hade förlett dem kastades i sjön av eld och svavel där också vilddjuret och den falske profeten är. Och de ska plågas dag och natt i evigheters evighet (Uppb. 20:7-10).

Gog och Magog står redan i GT för de ogudaktiga folken. Kyrkans fiender under ledning av de antikristliga makterna försöker att förinta Kristi kyrka. Detta sker genom den yttersta

---

[87] Den s.k. kiliasmen av grekiska chilios = tusen. Uppfattningen kallas också millennialism av det latinska millennium = tusen år.

tidens falska läror och angrepp på Guds ord. Men då kommer Kristus tillbaka till domen och gör slut på djävulens och Antikrists makt. Detta är vad Bibeln klart och tydligt lär. De som tolkar de tusen åren som ett jordiskt fridsrike går emot Jesu klara ord om att hans rike inte är av denna världen, utan ett andligt rike.

De som lärde ett jordiskt tusenårsrike var påverkade av de s.k. *judaisterna*, som drömde om templets återupprättande här på jorden. Vi har sett att fariséerna och de skriftlärde inte kunde acceptera Jesus som Messias när han inte kom som en mäktig, jordisk härskare utan som en fattig, utblottad tjänare som dog på korset. Så var judaisternas idéer om det jordiska, messianska riket en fortsättning på drömmarna om Messias som en jordisk härskare. På reformationens tid fanns kiliasmen särskilt hos de radikala svärmarna. Deras uppfattning avfärdades i Augsburgska bekännelsen. Artikel 17 lyder:

Om Kristi återkomst till domen. Det lärs också att vår herre Jesus Kristus skall komma tillbaka till domen på den yttersta dagen. Då skall han uppväcka alla döda. De troende och utvalda skall han ge evigt liv och glädje, men de gudlösa människorna och djävulen skall bli fördömda med eviga straff. Därför förkastas omdöparna som lär att djävulen och de fördömda människorna inte skall få evig pina och plåga. Här fördöms också vissa judiska läror som också förekommer nu. De går ut på att de heliga och fromma före uppståndelsen skall ha ett världsligt rike, då alla gudlösa skall förgöras (CA 17, övers. SR, SKB 62, Trigl 50).

I vår tid förekommer kiliasmen inom många kyrkor. Den trängde också in i den lutherska kyrkan under pietismen. Men Luther och den konfessionella lutherdomen har alltid avvisat kiliasmen som obiblisk. Idag är den särskilt stark bland de reformerta, fundamentalistiska samfunden. De menar att judarnas återkomst och bildandet av staten Israel är en uppfyllelse av de bibliska profetiorna. De lär också att alla judar skall bli omvända i den yttersta tiden. De förstår inte att gamla testamentets profetior om det kommande fridsriket var konkreta bilder av Jesu kommande andliga rike, den kristna kyrkan, utan de menar att dessa bilder måste syfta på ett konkret, jordiskt rike då Jesus själv skall regera i Jerusalems tempel. De vilda djuren har då blivit tama, som Jesaja skriver:

Vargar ska bo tillsammans med lamm, leoparder ligga bland killingar. Kalvar och unga lejon och gödboskap ska vara tillsammans, och en liten pojke ska valla dem (Jes. 11:16).

Men profeterna själva visar att det här är fråga om ett andligt rike, som består i syndernas förlåtelse. Jeremia skriver:

Se, dagar ska komma, säger Herren, då jag sluter ett nytt förbund med Israels hus och med Juda hus, inte som förbundet jag slöt med deras fäder den dag då jag tog deras hand och förde dem ut ur Egyptens land – förbundet med mig som de bröt fastän jag var deras rätte herre – säger Herren. Nej, detta är förbundet som jag efter denna tid ska sluta med Israels hus, säger Herren: Jag ska lägga min lag i deras inre och skriva den i deras hjärtan. Jag ska vara deras Gud, och de ska vara mitt folk. Då ska de inte mer behöva undervisa varandra, ingen sin broder och säga: "Lär känna Herren!" Alla ska känna mig, från den minste av dem till den störste, säger Herren, för jag ska förlåta deras missgärningar och aldrig mer minnas deras synder (Jer. 31:31-34).

Läran om att alla judar skall bli omvända är också obiblisk. När Paulus talar om att *"hela Israel skall bli frälst"* (Rom. 11:26) så säger han tydligt att det skall ske genom att både troende judar och troende kristna tillsammans skall utgöra Kristi församling. I texten står det inte *"sedan* (= därefter) skall hela Israel bli frälst" utan *"så* (= på det sättet) skall hela Israel bli frälst".[88]

Kiliasmen finns i flera olika former. Somliga lär enbart att den yttersta tiden skall bli en tid av särskilt stor väckelse. Det var den typ av kiliasm som pietismens fader *Spener*[89] företrädde och som även fanns hos *Löhe*.[90]

Andra lär att Kristus kommer tillbaka osynligt en första gång, vilket då är inledningen till ett osynligt tusenårsrike.

---

[88] Det grekiska ordet *houtås* betyder "således, på det sättet" och har ingen tidsbetydelse som skulle kunna översättas "sedan, därefter".

[89] Philipp Spener (1635-1705) verkade huvudsakligen i Dresden och Berlin.

[90] Wilhelm Löhe (1808-1872), ledande luthersk konfessionell teolog i Bayern.

Sedan kommer Kristus för andra gången till domen. Denna riktning kallas *postmillennialism* eftersom Kristi synliga återkomst sker efter tusenårsriket.

Den vanligaste uppfattningen idag, särskilt bland de amerikanska fundamentalisterna, är den s.k. *premillennialismen*. Kristus kommer då synligt tillbaka i början av tusenårsriket. I Sverige fanns en sådan uppfattning t.ex. hos den konservativt lutherske prosten *L.M. Engström*.[91]

Alla dessa olika former av kiliasmen är obibliska. De tolkar bibelns profetior på ett sätt som inte stämmer med att Skriften endast talar om att Kristus skall komma tillbaka en gång, till domen samt att Kristi rike under nya testamentets tid är ett andligt rike. Kiliasmen menar att det efter Kristi första återkomst finns en andra möjlighet till frälsning, vilket är mycket vilseledande. När Kristus kommer tillbaka - vilket kan ske vilken dag som helst - kommer han till domen, och därefter finns inte längre någon möjlighet till omvändelse.

Mot läran om de yttersta tingen strider i hög grad den modernistiska, bibelkritiska och ekumeniska uppfattningen. De ser i den ekumeniska rörelsen uppfyllelsen av Jesu ord "att de alla må vara ett" (Joh. 17:21). Detta är en yttre, organisatorisk syn på Guds rike. Ekumenismen vill åstadkomma en yttre kyrkoenhet för att "världen ska tro". Men inom denna rörelse finns samtidigt en blandning av alla möjliga läror. Där finns en stark tro på att kyrkans uppgift är att förändra världen, och man har en ytlig syn på kyrkans budskap. I regel förnekas t.ex. Bibelns klara lära om helvetet och den eviga förtappelsen. Man omfattar vanligen en slags *universalism*, som går ut på att alla människor kommer till himmelen oberoende av tron. Men man vill inte hålla fast vid den klassiska gudsbilden av den treenige Guden där det klart bekänns att Jesus Kristus är både sann Gud och sann människa och att han verkligen är avlad av den helige Ande, född av jungfrun Maria. Det som lärs inom den bibelkritiska ekumenismen är därför att betrakta som den

---

[91] L.M. Engström (1867-1951) präst i Bolstad, Dalsland, känd för sin kamp för att bevara Luthers lilla katekes i skolorna. Se "De yttersta tingen", 1962.

grövsta formen av kiliasm då kyrkan blir förvärldsligad och även de icke-kristna religionerna av många anses ge möjlighet till frälsning.

Bekännelsen

I slutet av den *athanasianska trosbekännelsen* bekänner vi med hela den kristna kyrkan:

(Kristus) har uppstått från de döda, uppstigit till himlarna, sitter på Faderns högra sida och skall därifrån igenkomma till att döma levande och döda. Vid hans tillkommelse skall alla människor uppstå med sina kroppar, och de skall avlägga räkenskap för sina gärningar: Och de som gjort gott skall ingå i det eviga livet och de som gjort ont i den eviga elden. Detta är den allmänneliga kristna tron; den som inte troget och fast tror den kan inte bli salig.[92]

Om Antikrist lär Schmalkaldiska artiklarna:

Detta visar på det kraftigaste, att påven är den verklige antikrist, som upphöjt sig över och satt sig upp mot Kristus, då han menar, att de kristna inte blir saliga utan hans makt, som dock ingenting är och som inte är förordnad och påbjuden av Gud. Detta är detsamma som "att sätta sig över Gud och mot Gud", såsom den helige Paulus säger. Sådant gör dock varken turkarna eller tatarerna, huru arga fiender till de kristna de än är, utan de låter vem som vill det tro på Kristus och kräver blott skatt och utvärtes lydnad av de kristna.

Men påven vill inte lämna tron (på Kristus) i fred utan säger, att man måste lyda honom, om man skall bli salig. Detta vill vi inte göra, utan hellre dö i Guds namn. Detta allt är en följd därav, att påven gjort anspråk på att i kraft av gudomlig rätt kallas överhuvudet för den kristna kyrkan. Därför har han måst göra sig jämlik Kristus, ja, sätta sig över honom och prisa sig själv såsom huvud för kyrkan, sedan som dess herre och till sist som hela världens herre och t.o.m. en gud på jorden, tills han slutligen understått sig att ge änglarna i himmelen befallningar.[93]

---

[92] SKB 49f, Trigl 34.
[93] SKB 321, Trigl 474.

153

Avslutning

För att beskriva Bibelns lära i sin helhet krävs en omfattande dogmatik.[94] Bibeln har ett sådant djup att dess rikedom aldrig kan beskrivas till fullo. Därför måste en kristen dagligen ta till sig av det andliga brödet genom att flitigt studera den heliga Skrift. Men den kristne behöver inte vara i ovisshet om vad Guds ord lär. Hela den bibliska läran sammanfattas på ett utomordentligt klart och tydligt sätt redan i Luthers lilla katekes. Läser man dessutom Luthers stora katekes får man en mycket grundlig undervisning om vad Bibeln lär. Varje kristen både kan och skall döma om vad som predikas och se till att prästerna inte förkunnar falskt. En rätt undervisning är avgörande för åhörarnas salighet.

Prästerna skall använda tid och krafter på att verkligen tränga in i Guds ord och se vad texterna säger. Dessa är ju inspirerade av Guds helige Ande. De är skrivna på hebreiska, arameiska och grekiska, och därför är det viktigt att kyrkan ser till att blivande präster väl lär känna dessa språk.

Översättningar kan aldrig helt återge den rikedom som finns i grundtexterna. Men Gud vill att ordet skall förkunnas så att alla förstår. Därför måste vi också se till att de bästa översättningarna används i kyrkan. Luthers egen översättning har alltid ansetts som oöverträffad. Men även kunskapen om grundspråken har gått framåt sedan Luthers tid. Eftersom världens många språk är så olika och hela tiden förändras måste Kristi kyrka ständigt syssla med översättningsarbete. Detta får vi inte lämna till de liberala teologerna och sekterna, som vill tolka in sina felaktiga uppfattningar i texterna. Särskilt de präster som skall kämpa mot villolärarna måste vara väl förtrogna med grundspråken, säger Luther.

För en kristen är den dagliga bönen och bibelläsningen en källa till andligt liv. Gud är med i alla livets förhållanden och den kristne bör inrätta sitt liv efter vad Guds ord lär. Han lever

---

[94] En mycket god sådan är Franz Piepers stora dogmatik (3 band). En kortare version av denna finns på svenska: Pieper-Mueller, Kristen dogmatik (1985).

också i gemenskap med alla andra kristna i den heliga kristna kyrkan. Där är han döpt och där får han ofta ta emot Kristi kropps och blods sakrament till evigt liv. Han får också gå till bikt och själavård hos sin av Gud kallade herde och präst. I kyrkans liturgi får han tillsammans med alla Guds barn lova och prisa och tillbedja sin Herre och Gud. I psalmer och böner kommer Gud nära och ger glädje och ny förtröstan. I ensamhet och sorg tröstar Gud genom ordet och även genom andra kristna. I sin jordiska kallelse får den kristne leva i helgelse i förvissningen om att Gud är med också i vardagen. I det allmänna prästadömet får han med både ord och gärningar vittna om sin Frälsare, Jesus Kristus, för andra människor. Genom goda skrifter kan han också väcka intresse för Bibelns egen undervisning.

En kristen skall hela sitt liv kämpa trons goda kamp. När synden är svår och han stapplar och faller blir han upprättad igen och tröstad av den helige Ande. Genom ordet kan han genom Guds nåd alltid övervinna frestelserna och bli bevarad i tron. Så får han till sist vara med om att också övervinna den sista fienden, döden. Med en förhärligad, uppstånden kropp och själ får han så gå in i den himmelska saligheten och för alltid vara hos Gud.

* * *

Kämpa trons goda kamp, grip det eviga livet som du blev kallad till och som du bekände dig till genom att avge den goda bekännelsen inför många vittnen. Jag uppmanar dig inför Gud, som ger liv åt allt, och inför Kristus Jesus som vittnade för Pontius Pilatus med den goda bekännelsen: bevara budskapet rent och oförfalskat till vår Herre Jesu Kristi ankomst, som den salige, ende Härskaren ska låta oss få se när tiden är inne. Han är kungarnas Kung och herrarnas Herre, han som ensam är odödlig och bor i ett ljus dit ingen kan komma och som ingen människa har sett eller kan se. Honom tillhör ära och evig makt! Amen (1 Tim. 6:12-16).

155

Litteratur

SKB = Svenska kyrkans bekännelseskrifter 1957(1944)
(citat ur SKB varsamt bearbetade, t.ex. utan pluralformer)
Trigl = Concordia Triglotta, St Louis 1921
FB = Svenska Folkbibeln 2015. Denna översättning används i regel här.
Övers. SR = Översättning av Sten Rydh

Skrifter med hänvisningar i noterna:
Louis **Berkhof**, Systematic Theology, 1976 (1939), s. 83
Martin **Chemnitz**, Examen Concilii Tridentini, 1565-1573, s. 25
L. M. **Engström**, De yttersta tingen, 1962, s. 151

Tom G.A. **Hardt**, Kyrkogemenskap i fornkyrkan och i den lutherska kyrkan, 1996, s. 105
Tom G.A. **Hardt**, Rättfärdiggörelse och påsk, Nya Väktaren nr 9/86, s. 55
Tom G.A. **Hardt**, Roms nya religion, 1994, s. 100
Tom G.A. **Hardt**, Venerabilis & Adorabilis Eucharistia, 1971, s. 90
Adolf **Hoenecke**, Ev.-Luth. Dogmatik IV, 1909, s. 90

Martin **Krauklis**, Martin Luthers stora katekes, 1999, s 94
Julius **Köstlin**, Luthers Leben, 1892, s. 112

Lima-dokumentet Baptism, Eucharist and Ministry, 1982, s. 91
Martin **Luther**, Företal till Romarbrevet 1522 s. 54
Martin **Luther**, Invocavitprediningar, 1522, s. 131
Martin **Luther**, Om smygare och vinkelpredikanter, WA 30(3), 1532, s. 120
Martin **Luther**, Påskpredikan 1519, s. 55
Martin **Luther**, Wolferinusbreven, 1543, s. 88

Ernst **Newman**, Evangeliska alliansen, Lund 1937, s. 108
Pieper-Mueller, Kristen dogmatik, 1985, s. 25, 62, 81, 153
Pieper, Franz: Christliche dogmatik, Bd 3, s. 81
John A. T. **Robinson**, Gud är död (Honest to God), 1963, s. 45

Bjarne W. **Teigen**, The Lord's Supper in the Theology of Martin Chemnitz, 1986, s. 90
Den kristna **trosläran**, Katekes för Stockholms stift, 1958, s. 83
M. **Wittenberg**, Kyrkogemenskap och nattvardsgemenskap, 2019, s. 105

Bibelställen

Bok — sid

1 Mos. 1:27f — 30
1 Mos. 3 — 14
1 Mos. 3:1-6 — 41
1 Mos. 3:16 — 41
1 Mos. 3:17-19 — 42
1 Mos. 3:23f — 42
1 Mos. 11 s. 100
2 Mos. 12:19f — 106
2 Mos. 20:1-17 — 13
2 Mos. 20:11 — 30
5 Mos. 5:1-22 — 13
5 Mos. 6:4 — 27
5 Mos. 21:23 — 49

1 Kung. 19:18 — 146
2 Kung. 5:17ff — 114
Job 36:19 — 74

Ps. 14 — 42
Ps. 14:1 — 35
Ps. 19:8f — 24
Ps. 19:15 — 70
Ps. 27:8 — 74
Ps. 33:6 — 28
Ps. 50:15 — 74
Ps. 51:6f — 42
Ps. 103:20 — 30
Ps. 110:1 — 50
Ps. 119:105 — 23
Ps. 139:7f — 28
Ps. 139:16 — 39

Ords 17:15 — 63

Jes. 9:6 — 27
Jes. 11:16 — 150
Jes. 53 — 55
Jes. 53:3-5 — 48
Jes. 55:10f — 96
Jer. 15 — 92
Jer. 31:31-34 — 150

Hes. 40-47 — 144
Dan. 11:30ff — 144

Mika 7:19 — 54
Sak. 12:10 — 28

Matt. 1:18 — 50
Matt. 1:18-25 — 50
Matt. 1:20f — 27
Matt. 2:1-18 — 50
Matt. 3:13-17 — 50
Matt. 4:1-11 — 50
Matt. 5:17f — 22
Matt. 6:6 — 72
Matt. 6:7f — 70
Matt. 6:9-13 — 68
Matt. 7:7-11 — 70
Matt. 7:15 — 103
Matt. 7:17 — 43
Matt. 9:28 — 80
Matt. 9:6 — 50
Matt. 9:36ff — 71
Matt. 11:28 — 94
Matt. 12:34 — 43
Matt. 14:13-36 — 50
Matt. 15:7 — 71
Matt. 15:19 — 43
Matt. 15:21-39 — 50
Matt. 16:16 — 95
Matt. 16:17f — 95
Matt. 16:19 — 81
Matt. 17:1-8 — 50
Matt. 17:14-20 — 50
Matt. 18 — 81
Matt. 18:17 — 81
Matt. 18:17 — 127
Matt. 18:19f — 70
Matt. 18:20 — 98
Matt. 19:5f — 39
Matt. 20:2934 — 50
Matt. 21:22 — 71
Matt. 22:37-40 — 14
Matt. 23:2 — 101
Matt. 24:414 — 141
Matt. 24:1518 — 144
Matt. 24:29-51 — 50
Matt. 24:29ff — 146

Matt. 24:37-42 — 147
Matt. 25:31-46 — 50
Matt. 25:3146 — 141
Matt. 25:34 — 98
Matt. 25:41 — 43
Matt. 26:26ff — 87
Matt. 26:28 — 19
Matt. 26:39 — 70
Matt. 26:64 — 50
Matt. 27 s. 50
Matt. 28 s. 50
Matt. 28:18ff — 117
Matt. 28:18-20 — 19
Matt. 28:19 — 27
Matt. 28:19f — 76
Matt. 28:20 — 146
Matt. 8-9 s. 50

Mark. 2:10 — 50
Mark. 5:2142 — 50
Mark. 14:22-25 — 87
Mark. 15 s. 50
Mark. 16 s. 50
Mark. 16:15f — 76
Mark. 16:19 — 50

Luk. 1:26-38 — 50
Luk. 1:31-37 — 27
Luk. 2:1-20 — 50
Luk. 2:21 — 50
Luk. 2:21 — 50
Luk. 2:22-39 — 50
Luk. 2:41-52 — 50
Luk. 4:1-13 — 50
Luk. 5:17-26 — 50
Luk. 7:11-17 — 50
Luk. 10:16 — 23
Luk. 10:16 — 102
Luk. 11:28 — 23
Luk. 12:32 — 98
Luk. 17:20f — 96
Luk. 17:20f — 145
Luk. 18:8 — 146
Luk. 22:17-20 — 87

Luk. 22:30 — 147
Luk. 23 — s. 50
Luk. 24 — s. 50

Joh. 1:1f — 27
Joh. 1:14 — 25
Joh. 1:14 — 27
Joh. 2:1-12 — 50
Joh. 3:3-6 — 19
Joh. 3:3, 5 — 76
Joh. 3:5f — 43
Joh. 3:8 — 43
Joh. 3:16 — 17
Joh. 3:36 — 17
Joh. 5:28f — 147
Joh. 5:39 — 23
Joh. 8:44 — 45
Joh. 10 — 92
Joh. 10:14ff — 96
Joh. 10:35 — 22
Joh. 11:1-44 — 50
Joh. 14:6 — 63
Joh. 14:15 — 64
Joh. 14:23 — 23
Joh. 14:25f — 22
Joh. 14:26 — 28
Joh. 15:5 — 64
Joh. 15:16 — 135
Joh. 16:24 — 71
Joh. 16:33 — 98
Joh. 17:14 — 125
Joh. 17:17 — 22
Joh. 17:17 — 71
Joh. 17:17 — 100
Joh. 17:20 — 23
Joh. 17:20 — 100
Joh. 17:21 — 100
Joh. 17:21 — 151
Joh. 18:36 — 96
Joh. 18:36 — 145
Joh. 19 — 50
Joh. 20:19-23 — 50
Joh. 20:21-23 — 20
Joh. 20:21ff — 81
Joh. 20:24-29 — 16
Joh. 20-21 — 50

Apg. 2:34 — 50
Apg. 2:42 — 71
Apg. 2:42 — 105
Apg. 2:46 — 71
Apg. 5:3f — 28
Apg. 6:6-11 — 50
Apg. 7:55f — 50
Apg. 8:39 — 28
Apg. 16 — 138
Apg. 16:14f — 20
Apg. 18:26 — 127
Apg. 20:28 — 117
Apg. 22:16 — 76

Rom. 1 —133
Rom. 1 —138
Rom. 1:4 — 27
Rom. 1:19f — 35
Rom. 1:26f — 39
Rom. 2:14f — 36
Rom. 3:10-12 — 42
Rom. 3:19f — 17
Rom. 3:21-28 — 18
Rom. 3:24 — 62
Rom. 3:28 — 62
Rom. 4:24f — 53
Rom. 4:25 — 136
Rom. 5:10 — 62
Rom. 5:12-14 — 42
Rom. 5:12-21 — 54
Rom. 5:17 — 57
Rom. 5:17 — 62
Rom. 5:18f — 53
Rom. 5:18 — 62
Rom. 6:1 — 64
Rom. 6:3ff — 76
Rom. 6:12ff — 64
Rom. 8:9 — 28
Rom. 8:15f — 70
Rom. 8:29f — 135
Rom. 8:34 — 50
Rom. 9:5 — 27
Rom. 9:5 — 47
Rom. 10 s. 138
Rom. 10:5-8 — 57
Rom. 12:12 — 71
Rom. 13:1 — 31
Rom. 16:17f — 103

Rom. 3-4 — 18
Rom. 8:33 — 63

1 Kor. 1:10 — 103
1 Kor. 2:10f — 28
1 Kor. 2:12f — 22
1 Kor. 2:13 — 23
1 Kor. 3:16 — 65
1 Kor. 4:1 — 117
1 Kor. 4:1f — 118
1 Kor. 4:6 — 122
1 Kor. 5:1-5 — 82
1 Kor. 5:12f — 104
1 Kor. 5:13 — 104
1 Kor. 6:15-20 — 39
1 Kor. 7:13-16 — 113
1 Kor. 8:4 — 27
1 Kor. 9 — 138
1 Kor. 10:16 — 87
1 Kor. 11:1 — 107
1 Kor. 11:23-26 — 87
1 Kor. 11:27ff — 87
1 Kor. 12:27 — 125
1 Kor. 12:29 — 120
1 Kor. 14:33ff — 123
1 Kor. 14:37 — 123
1 Kor. 15:12-21 — 49
1 Kor. 15:14-17 — 16
1 Kor. 15:20-24 —147

2 Kor. 2:5-8 — 82
2 Kor. 2:17 — 23
2 Kor. 4:13 — 28
2 Kor. 5:17 — 64
2 Kor. 5:18-21 — 54
2 Kor. 5:19 — 49
2 Kor. 5:19f — 62
2 Kor. 6:14-18 — 103
2 Kor. 7:1 — 64
2 Kor. 9:7 — 67
2 Kor. 12:7ff — 74
2 Kor. 13:13 — 27

Gal. 1:6-9 — 106
Gal. 1:8f — 37
Gal. 1:18 — 58
Gal. 2:16 — 57
Gal. 3:27 — 76

Gal. 4:4f — 49
Gal. 5:9 — 105
Gal. 5:16ff — 65
Gal. 5:19ff — 43
Gal. 5:22-25 — 65
Gal. 13:13 — 50

Ef. 1:4ff — 135
Ef. 1:20f — 27
Ef. 1:20 — 50
Ef. 1:22f — 102
Ef. 2:8f — 20
Ef. 2:8f — 37
Ef. 2:8f — 53
Ef. 2:8f — 63
Ef. 2:10 — 65
Ef. 2:19-22 — 95
Ef. 3:2 — 42
Ef. 4:3-6 — 103
Ef. 4:5f — 101
Ef. 4:5f — 130
Ef. 4:10 — 27
Ef. 4:11ff — 117
Ef. 5:22 — 32
Ef. 6:1-3 — 32
Ef. 6:4 — 32
Ef. 6:5-8 — 31
Ef. 6:9 — 31
Ef. 6:18f — 71

Fil. 2:5-8 — 48
Fil. 2:9-11 — 27
Fil. 2:9-11 — 48
Fil. 3:17 — 107
Fil. 3:20f — 148
Fil. 4:6f — 71

Kol. 1:16f — 30
Kol. 1:18ff — 97
Kol. 1:19 — 26
Kol. 2:3 — 26
Kol. 2:8 — 58
Kol. 2:8 — 130
Kol. 2:11f — 76
Kol. 2:16ff — 58
Kol. 2:16 — 130

Kol. 3:1 — 50
Kol. 3:9 — 26
Kol. 3:19 — 31

1 Tess. 4:1ff — 65
1 Tess. 5:12f — 32
1 Tess. 5:16ff — 70

2 Tess. 2:1-11 — 99
2 Tess. 2:312 — 142

1 Tim. 1:5-18 — 134
1 Tim. 2:5 — 48
1 Tim. 2:5f — 63
1 Tim. 2:11ff — 124
1 Tim. 3 — 92, 123
1 Tim. 3:1-7 — 118
1 Tim. 3:1 — 120
1 Tim. 3:2-6 — 32
1 Tim. 3:8ff — 126
1 Tim. 5:19 — 123
1 Tim. 6:12-16 — 154

2 Tim. 2:12 — 129
2 Tim. 2:19 — 98
2 Tim. 3:16 — 22

Tit. 1 — 92, 123
Tit. 1:5-9 — 118
Tit. 1:9 — 32
Tit. 1:9 — 92
Tit. 3:4-8 — 19
Tit. 3:4-8 — 76
Tit. 3:5 — 28

Hebr. 1:1-2 — 11
Hebr. 1:3 — 50
Hebr. 1:13 — 50
Hebr. 3:4 — 35
Hebr. 4:12f — 23
Hebr. 7:26f — 48
Hebr. 8:1 — 50
Hebr. 10:12 — 50
Hebr. 10:29 — 28
Hebr. 11:3 — 30
Hebr. 12:2 — 50
Hebr. 12:14 — 65
Hebr. 13:17 — 32

1 Petr. 1:2 — 28
1 Petr. 1:15ff — 65
1 Petr. 2:4ff — 119
1 Petr. 2:5 — 99
1 Petr. 3:7 — 31
1 Petr. 3:11ff — 147
1 Petr. 3:18ff — 50
1 Petr. 3:19-22 — 76
1 Petr. 3:22 — 50
1 Petr. 4:14 — 28
1 Petr. 5:2ff — 119
1 Petr. 5:8-11 — 98

2 Petr. 1:20f — 22
2 Petr. 1:21 — 28

1 Joh. 1:1ff — 98
1 Joh. 1:3 — 100
1 Joh. 2:2 — 15
1 Joh. 2:2 — 48
1 Joh. 2:2 — 62
1 Joh. 2:18-22 — 142
1 Joh. 5:14f — 71
1 Joh. 5:15 — 73
1 Joh. 5:20 — 27

2 Joh. 7-9 s. 142
2 Joh. v. 8-11 s. 104

3 Joh. 1:11 — 107

Jak. 3:1 — 120
Jak. 4:2f — 71
Jak. 5:10 — 107

Uppb. 3:11 — 98
Uppb. 12:9 — 41
Uppb. 13:17-11 -- 143
Uppb. 20:2 — 41
Uppb. 20:4 — 148
Uppb. 20:7-10 — 148
Uppb. 20:10 — 143

Personregister

Namn — sid

Antiokus Epifanes — 142-145
Jakob **Arminius** (1560–1609) — 137
Aurelius **Augustinus** (353-430) — 44, 50, 93, 129
Berengar av Tours (o. 999-1008) — 91
Abraham **Calovius** (1612-1686) — 129
Jean **Calvin** (1509-1564) — 44, 58, 59, 91, 135, 137
Andreas **Carlstadt** (1480-1551) — 91, 131
Martin **Chemnitz** (1522-1586) — 25, 89, 90, 129
Johannes **Chrysostomos** (347-407) — 90
L. M. **Engström** (1867-1951) — 151
Desiderius **Erasmus** av Rotterdam (o.1466-1536) — 44

August H. **Francke** (1663-1727) — 59
Johann Ph. **Fresenius** (1705--1761) — 59
Johann **Gerhard** (1582-1637) — 129
Tom G.A. **Hardt** (1934-1998) — 55, 62, 90, 100, 105
Adolf **Hoenecke** (1835-1908) — 90
Johann von **Hoffmann** (1810-1877) — 60
Samuel **Huber** (o.1547-1624) — 61
Irenaeus av Lyon (130-202) — 33, 50
Johann J. **Lange** (1670-1744) — 59
Martin **Luther** (1483-1546) — 18, 21, 23, 26, 33f, 37, 44, 51, 54f, 58, 62, 65, 68, 74f, 84, 87-93, 107, 111, 113, 120, 123, 128, 131, 134
Wilhelm **Löhe** (1808-1872) — 150
Valentin E. **Löscher** (1673-1749) — 129
Marcion av Sinope (85-160) — 33
Philipp **Melanchton** (1497-1560) — 88f

Pelagius (360-435) — 44
Franz **Pieper** (1852-1931) — 25, 62, 90, 109, 138, 153
Andreas **Quenstedt** (1617-1688) — 90, 129
Philipp **Spener** (1635-1705) — 150
Bjarne W. **Teigen** (1909-2004) — 90
Quintus **Tertullianus** (160-225) — 66
Thomas av Aquino (o.1225-1274) — 91
C.F.W. **Walther** (1811-1887) — 90, 109, 128, 138
Martin **Wittenberg** (1911-2001) — 105
John **Wesley** (1703-1791) — 44, 137
Wolferinus (Luthers brev 1543) — 88
Nikolaus von **Zinzendorff** (1700-1760) — 59, 61, 108
Huldrych **Zwingli** (1484-1531) — 87f, 90f, 107, 111

Ämnesregister

A

abort, s. 39
Adams fall, syndafallet, s. 14, 41f, 45, 53f
allmänna prästadömet (1 Petr. 2:4ff), s. 117, 119, 154
amen s. 69
anabaptister, omdöpare, s. 66, 77, 78, 79
Anden (Gud) kallar till ämbetet, s. 117
Anden strider mot köttet, s. 43, 64f, 74, 82
Anden verkar genom ordet, Andens ord, s. 22
Anden verkar inte direkt utan nådemedel, s. 66
Anden är Gud, s. 28
Andens frukt, s. 65
Andens vittnesbörd, s. 70
Andra Vatikankonciliet, s. 100
Anglikanska kyrkan, s. 84, 109, 121
Antikrist, påvedömet, s. 99, 142ff, 152
apostlar, profeter, evangelister, lärare, s. 23, 24, 92, 95,100, 104, 117, 119,
120, 121, 130 apostoliska succession, vigningskedja, s. 121f, 132
arminianism, s. 44, 137
arvsynd, s. 14, 40ff, 44f, 52, 61, 78
Athanasianska trosbekännelsen, s. 51, 152
avfall, avfallet i den yttersta tiden, s. 42, 101, 141f, 144, 146, 148
avgörelse, egen vilja, medverkan, s. 20, 44, 59, 72, 135, 137f, 143
avlösning, enskild, lösenyckeln, s. 81, 82

B

baptismen, omdöpare, s. 66, 77ff, 83, 149,
barnens dop, nödvändigt för frälsningen, s. 19, 45, 66, 75, 78f,
barnundervisning, s. 132
bekännelsen, alla citat, s. 18, 29, 34, 40, 45, 51f, 63, 65, 67, 74, 78f, 84f, 89f,
92ff, 101f, 115f, 121, 130, 133, 134, 138f, 149, 152
bekännelsen, Augsburgska, CA, s. 18, 29, 45, 52, 63, 67, 78. 84, 85, 92, 101,
121, 130, 149
bekännelsen, Apologin, 74, 79, 85, 92, 102
bekännelsen, Schmalkaldiska art., s. 133, 152
bekännelsen, Lilla katekesen, s. 34, 65f, 84, 134, 153
bekännelsen, Konkordieformeln, 23, 63, 67, 89, 90, 92, 138, 139
bekännelsen, Stora katekesen, s. 23, 34, 93
bibelkritik, modernism, liberalteologi, s. 24, 29, 44, 77, 109, 124, 138
bibelläsning, s. 11, 153
Bibeln, kanon, s. 23ff, 144
Bibeln, Skriften, s. 11ff, 16, 21, 22ff, 26, 99, 122, 126 138
Bibelns grundspråk, grekiska och hebreiska, s. 134, 153
Bibelns inspiration, s. 22, 24, 26, 60, 124, 153
Bibelns lära, s. 21, 26, 33, 99, 105, 109, 120, 122, 124, 127, 146, 153,

Bibelns ofelbarhet, s. 23f, 60, 116,
bibelöversättningar, s. 18, 62, 96, 131, 144, 150, 153
bikten, avlösningen, s. 19f, 56, 66, 80ff, 83ff, 87, 96, 117, 126
biskop, s. 32, 92, 99, 117, 118, 120, 121f, 127f, 132, 134
biskop, präst, samma personer, s. 118, 121f,
brödtillbedjan, s. 88
bön i Anden, s. 70, 71
bön i Jesu namn, s. 48, 68
bönegemenskap, s. 105, 112
bönen, s. 12, 64, 68ff, 126, 153f
bönen är inget nådemedel, s. 72, 136

D
den dubbla predestinationsläran, Calvin, s. 138
den lidande kyrkan, s. 16
den triumferande kyrkan, s. 16
diakon, medhjälpare, s. 125, 126, 129, 131
dogmatik, Pieper-Mueller m.fl., s. 25, 62, 83, 90, 153
dopet, s. 19, 21, 45, 56, 62, 66f, 75ff, 84, 93, 97, 102, 117, 126
dopstatistik, s. 77
Dordrechtsynoden 1619, s. 137

E
ekklesiolor i ekklesian, grupper inom kyrkan, s. 121
ekumenismen, s. 37, 44, 51, 67, 78, 91f, 100f, 138, 108, 138, 151
ett enda läroämbete i kyrkan, s. 118
evangeliet, s. 13, 15, 53, 59, 63, 65, 71, 79, 96f, 101, 133, 136, 138, 142f
Evangeliska Alliansen, s. 108
evig förtappelse, helvetet, s. 17, 43, 52, 56, 135, 151
exkommunikation, bindenyckeln, s. 57, 81f, 106

F
Fader vår, s. 68
falska lärare, falska profeter, s. 21, 37, 50, 58, 102ff, 105f, 111, 116, 133
filippister, Melanchtons efterföljare, s. 88ff
framgångsteologi, s. 73
frestelse, s. 41, 50, 69, 154
frestelse, s. 14, 41, 69, 154
född på nytt, pånyttfödelse, s. 19, 43ff, 54, 61, 72, 76, 137
församlingen, s. 32, 73, 81f, 101f, 106, 115, 117, 119, 122ff, 127-133
försoning, objektiv, allmän, s. 15, 49, 54f, 60f, 62, 138
försoningen, s. 15, 48f, 51, 54f, 60ff, 138
förtappelsen, evig, helvetet, s. 17, 43, 52, 56, 135, 151
Föräldrar och barn, s. 32
förödelsens styggelse, s. 143ff

G
gnesiolutheraner, s. 88
Gog och Magog, s. 148
gratia universalis, den allmänna nåden, s. 55
grekisk-ortodoxa kyrkan, s. 105, 129
"Gud är död"-teologi, s. 45
Guds vrede, s. 14f, 17, 41, 44f, 52ff, 61, 83

H
Helgelsen, s. 64ff, 68, 154
helgonen, åkallan, s. 74
heterodoxa (villfarande, irrläriga, falska kyrkor), s. 104f, 106, 110, 112f, 116
hierévs, levitisk präst, hebr. qåhén, s. 119
himmelrikets nycklar, nycklamakten, s. 80ff, 128
historisk verklighet, s. 33, 47
historisk-kritisk metod, bibelkritik, s. 24, 29, 44, 77, 109, 124, 138
homosexualitet, s. 38
hopp om att villfarelse försvinner, s. 110
hopp om evigt liv, förhoppning, s. 19, 49, 71, 76, 83, 101, 103, 110, 116, 130, 137
husfaderns och hemmets uppgift, s. 132
hyperevangelism, Huber, Zinzendorff, s. 61

I
interkommunion, s. 109
invocavitpredikningarna av Luther, s. 131
isolera villoläran inom kyrkan, s. 111
Israels frälsning, judarnas omvändelse, s. 150

J
Jerusalems tempel, s. 143ff, 150
Jesu död, s. 11, 15, 25, 46ff, 50, 53, 76, 93, 147, 149
Jesu födelse, han blev människa, s. 15, 50, 52, 151
Jesu himmelsfärd, s. 47f, 50
Jesu nedstigande till helvetet, s. 48, 50, 52, 76
Jesu underverk, s. 50
Jesu uppståndelse, s. 11, 15f, 25, 47ff, 50, 52f, 54f, 60, 81, 136, 147
Jesu återkomst, s. 48, 50f, 140f, 99, 141, 146f, 149, 151,
Jesus avlad av den helige Ande, s. 25, 50, 151
Jesus blev en förbannelse för vår skull, s. 49, 50
Jesus frestas av djävulen, s. 50
Jesus Kristus, s. 11, 15, 17ff, 27, 46ff, 51, 57, 62, 65, 76, 98, 100, 119, 135, 140, 148f, 151, 154, Jesus led straffet i vårt ställe, s. 46, 48
Jesus sann människa, s. 46f, 50, 52, 80, 151,
Jesus sitter på Faderns högra sida, s. 46ff, 52, 152,
Jesus uppfyllde lagen, s. 49, 50, 53, 60
Jesus uppfyllde lagen i vårt ställe, s. 60
Jesus är medlaren, s. 48, 63

judaisterna, s. 57, 149
jungfrufödseln, s. 47, 51f,
jämställdhet, s. 38, 124

K
kallelsen till ämbetet, s. 82, 102, 117ff, 121f, 132, 154
kallelsen, den jordiska, s. 97
kalvinism, s. 137
karismatiska rörelser, s. 66, 120
katekes, s. 21, 23, 33, 34, 68, 77, 83, 84, 93, 129, 131, 132, 134, 151, 153
kiliasm, tusenårsriket, millennialism, s. 148-152
koncilier, kyrkomöten, s. 25, 51, 100
konfessionell lutherdom, s. 60, 90, 109, 129, 130, 149, 150
konsekrationen i nattvarden, s. 88ff
konstistorium, s. 114, 128, 130
Kristi kropp och blod, närvaro i nattvarden, s. 86ff, 92f, 107, 154f
Kristi ställföreträdande vek, s. 46, 48ff, 55, 60
Kristi upphöjelse, s. 48
Kristi uppståndelse, s. 11, 15f, 25, 47ff, 50, 52f, 54f, 60, 81, 136, 147
Kristi utblottelse, förnedring, s. 25, 48
Kristus och frälsningen, s. 11, 13, 15, 17, 19, 29, 37, 47f, 51, 55, 58, 60, 72f,
75, 78, 84, 105, 125, 136, 138, 143
Kristus är Gud, s. 27
kroppens uppståndelse, s. 64, 76, 147
kvinnliga präster, s. 123
kyrka och stat, s. 97
kyrkan, s. 11, 29, 51, 75, 80ff, 95-102, 104, 121, 124, 125ff, 134, 145f, 151
kyrkan i gamla testamentet, s. 125
kyrkan är alla troende, s. 102
kyrkan är Kristi kropp, s. 97
kyrkan är osynlig, s. 96
kyrkan, Guds rike, är inte av denna världen, s. 19, 43, 67, 68, 76, 96, 125,
145, 151
kyrkan, Kristi brud, s. 128
kyrkan, Kristus är klippan, s. 95
kyrkan, påvedömet, s. 99, 129
kyrkans bevarande, s. 99
kyrkans enhet, falsk enhet, unionism, s. 67, 100, 151
kyrkans enhet, sann enhet, s. 101, 103, 131
kyrkans kännetecken, ordet och sakramenten, s. 57, 65f, 95f, 99, 101f, 117,
131, 133
kyrkans organisation, s. 125-134
kyrkliga tidskrifter, s. 128
kyrkogemenskap, "åsikter", s. 107
kyrkogemenskap, olika former, s. 105, 112, 126
kyrkogemenskap, privat, s. 113
kyrkogemenskap, utdrivande av falska lärare, s. 21, 37, 82, 102, 103f, 106,
110f, 115f, 127, 133

kyrkogemenskapen, s. 103-116
kyrkogemenskap, ett bud från Herren, s. 116
kyrkomusik, s. 126, 129, 131
Kyrkornas Världsråd, unionistisk, s. 109
kyrkoråd, kyrkostämma, s. 128, 130f, 133
kyrkotukt, Matt. 18, s. 81, 104, 106, 115, 127f, 133

L
lag och evangelium, s. 37, 56f
lagen, s. 13ff, 17, 19, 22, 35ff
landskyrkor, s. 107, 128
lekmannaförkunnelse, s. 120f, 127, 132
lekmäns distribution av nattvarden, s. 132
liberal bibelsyn, teologi, s. 9, 24, 44, 124, 153
Limadokumentet om nattvarden, s. 91f
lokalförsamlingen, s. 126-131
läropunkter, s. 21f, 108
lärosuccession, ämbetet, s. 122
löfte om frälsning, s. 13, 41, 64, 70, 79, 81, 82, 95, 125, 133, 147
löftet om kvinnans säd, Messias, Kristus, s. 12f, 125

M
Mackabéerböckerna, s. 144
man och kvinna, s. 31, 113f, 124, 126, 129
Marburgsamtalen Luther-Zwingli, s. 111
mat, dryck, högtider, s. 130
millennialism, kiliasm, tusenårsriket, s. 148-152
Missions- och dopbefallningen, läroämbetet , s. 19, 27, 75, 117, 146
Missourisynoden, s. 90, 109, 138
montanismen, s. 66
mänskliga traditioner, s. 58, 77, 99, 101, 122, 129, 130ff
mässoffersläran, s. 86

N
nattvarden, s. 19, 46, 56, 66, 77, 86-94, 105, 107, 111ff, 116, 118, 126, 134
nattvarden ger syndernas förlåtelse, s. 86
nattvarden, "utanför bruket", s. 89
nattvarden, det överblivna, s. 88
nattvarden, filippism, s. 88ff
nattvarden, förnekelse av närvaron, s. 91
nattvarden, gör detta, s. 86
nattvarden, hela handlingen, s. 89
nattvarden, närvaro bara i ätandet, s. 90
nattvarden, åminnelse, s. 86
nattvardens instiftelse, s. 86
nattvardsanmälan, s. 87
nattvardsgemenskap, s. 105, 112, 133
nattvardslära, Chemnitz, s. 89f

165

nattvardslära, Chrysostomos, s. 90, Luther, s. 89f
neologin på 1700-talet, s. 51, 121
Nicenska trosbekännelsen, s. 51f
nåden, s. 20, 37f, 53, 56, 58f, 61-67, 73, 83f, 135ff
nådens ordning, s. 135, 137
nödbiskop, s. 127

O
offer, allmänna prästadömet, s. 119
ordination, ämbetet, prästvigning, s. 122, 132, 133
ordning, s. 30, 101, 122, 124, 125, 128ff, 132f
organisation, en fri sak, s. 125ff, 129f, 131, 134
ortodoxa (renläriga, rätta) kyrkor, s. 104
ortodoxi, luthersk, s. 59, 62, 90, 105, 109, 129,

P
pelagianism, s. 44f
pietismen, s. 59, 108, 120, 138, 149f,
postmillennialism, s. 151
predestination till förtappelse, Calvin, s. 138
predestination, utkorelse, s. 44, 61, 135-139
predikstolsgemenskap, s. 105, 112
premillennialism, s. 151
presbyterianska kyrkor, presbyterium, s. 129, 137
prästen en förvaltare, s. 32, 82, 95f, 102, 117, 121, 130, 132, 134
prästen skall förkunna det rätta, s. 32, 92, 118
prästen skall vederlägga det falska, s. 32, 92, 118
prästens kvalifikationer, s. 32, 92, 118, 123
prästens livslånga kallelse, s. 122
präst, diakon), s. 121f
prästerna inte herrar i församlingen, s. 133
prästvigning, ordination, s. 122, 132, 133
prästämbetet, det offentliga ämbetet, s. 32, 82, 102, 117ff, 120f, 123, 127ff,
130, 132f, pånyttfödelse, s. 19, 43f, 54, 61, 72, 76, 137
påskalammet, s. 106
påskens betydelse, s. 12, 15, 54f, 62, 131

Q
Quenstedt, Hoenecke, s. 90 nattvardslära, reformert, s. 91

R
receptionism, s. 90
reliqua, det överblivna i nattvarden, s. 88
reformerta kyrkan, s. 25, 44, 51, 58f, 72f, 83f, 89, 91, 107ff, 129, 137, 149
romersk-katolska kyrkan, s. 25, 37, 58, 83, 99ff, 105, 109, 129
rättfärdiggörelsen genom tron, s. 17ff, 37f, 51, 53ff, 56ff, 59, 60ff, 83, 136
rättfärdiggörelsen, allmän, objektiv nåd, s. 54f, 58, 60f, 62, 73, 136

S
salighet, himmelsk, s. 51, 58, 75, 78, 86, 123, 125, 131, 135, 139, 147, 153f
satisfactio vicaria, s. 46, 55
sekt, villfarande kyrka, s. 29, 78f, 99, 104, 105, 153
selektiv kyrkogemenskap felaktig, s. 112
semipelagianism, s. 44
sjukdom, s. 45, 48, 70
skapelsen, s. 11, 14, 30ff, 35, 105, 124
skapelseordningen, s. 124
smygare och vinkelpredikanter, s. 120
sola scriptura, Skriften allena, s. 122
stift, pastorat, s. 127, 128, 130
straff, s. 14, 39, 42, 46, 48
strängare dom för prästerna (Jak. 3:1), s. 120
svärmiska rörelser, s. 58, 66f, 77, 83, 93, 120, 145, 149
synden, s. 13f, 17, 30, 35, 41ff, 52ff, 59, 61, 64, 78, 83f, 137
syndernas förlåtelse, s. 18, 19, 43, 50, 52f, 56f, 63f, 66f, 72, 77f, 80ff, 84f, 86f, 94, 95, 150
synod, s. 90f, 109, 128, 130, 137, 138
synodalkonferensen i Amerika, s. 90, 109, 138
söndagen, helgdagar, kyrkoåret, s. 131

T
teologisk utbildning, s. 134
tornupplevelsen, Luther, s. 18
Treenigheten, Gud, s. 27ff, 33, 35, 51, 75, 151
triangelförhållanden, felaktiga, s. 110
Tridentinska kyrkomötet, konciliet(1545-1563), s. 25
tron, s. 17f, 19f, 21, 33, 36, 50, 54, 68, 73, 75f, 84, 96ff, 136, 146
trons goda kamp, s. 44, 59, 64, 111, 136f, 154
tusenårsriket, kiliasm, millennialism, s. 148-152

U
unierade kyrkor, 1800-talet, s. 91
unionism, kyrkogemenskap trots olika läror, s. 91, 108f
universalism, s. 44, 151
universitetsteologin, s. 24, 51, 59, 128
upplevelseteologi, s. 60, 66, 72
upplysningstiden, neologin, s. 51, 59, 121
utkorelsen, predestinationen, s. 44, 61, 135-139
utomstående bjuds in, s. 113
utvecklingsläran, evolutionismen, s. 33

167

V
vederdöpare, omdöpare, s. 77
Verbi Divini Minister, Guds ords tjänare, s. 117
villfarelsens storlek, s. 110f
våldsam reformation, Carlstadt, s. 131
väckelsekampanjer, s. 66, 73
Wisconsinsynoden, s. 90, 109

Y
yttersta domen, s. 43, 140f, 147, 149
yttersta tidens tecken, s. 141ff, 146
yttersta tingen, s. 140-152

Z
Zwingli, s. 111

Å
ånger, ångerfull, förkrossad, s. 56, 80, 83f

Ä
äldre och yngre, s. 31
ämbetet, felaktigt avskedande, s. 122f
ämbetet, ordination, prästvigning, s. 122, 132, 133
ämbetet, tredelat (biskop, präst, diakon)

Ö
överheten, s. 31, 97

Tidigare bokutgivning

i samverkan med
Evangelisk-Lutherska Kyrkan i Sverige (ELKS)
evluth.se

Sten Rydh, Det bibliska ämbetet 2021

Martin Wittenberg, Kyrkogemenskap och nattvardsgemenskap, övers. Sten Rydh och *Sten Rydh*, Den bibliska läran om kyrko- och nattvardsgemenskap, 2019

Evangelisk-luthersk katekes, övers. Sten Rydh, 2016

Laurentius Petri, Om sakrament och ämbete, 1993

Pieper-Mueller: Kristen dogmatik, 1985

Tom G. A. Hardt, Om skapelsen, 1980 (småskrift)

Tom G. A. Hardt, Om altarets sakrament 1973/2009

Om kyrkogemenskap, övers. fr. Church of the Lutheran Confession, 1973.